Angst-AG

LEONARDO TAVARES

Angst-AG

ANGST-AG

© Copyright 2023 – Leonardo Tavares

Alle Rechte vorbehalten. Kein Teil dieses Buches darf reproduziert, in einem Abrufsystem gespeichert oder in irgendeiner Form – elektronisch, mechanisch, durch Fotokopieren, Aufzeichnen, Scannen oder auf andere Weise – übertragen werden, außer durch kurze Zitate in kritischen Rezensionen oder Artikeln, ohne vorherige schriftliche Genehmigung des Herausgebers.

Unter keinen Umständen kann dem Herausgeber oder Autor eine Schuld oder rechtliche Haftung für Schäden, Entschädigungen oder finanzielle Verluste zugeschrieben werden, die sich aus den in diesem Buch enthaltenen Informationen ergeben, sei es direkt oder indirekt.

Impressum:

Dieses Buch ist urheberrechtlich geschützt. Es ist nur für den persönlichen Gebrauch bestimmt. Ohne die Zustimmung des Autors oder Herausgebers ist es Ihnen nicht gestattet, Teile oder Inhalte dieses Buchs zu verändern, zu verbreiten, zu verkaufen, zu verwenden, zu zitieren oder zu paraphrasieren.

Haftungsausschluss:

Bitte beachten Sie, dass die hierin enthaltenen Informationen ausschließlich Bildungs- und Unterhaltungszwecken dienen. Es wurden alle Anstrengungen unternommen, genaue, aktuelle und zuverlässige Informationen bereitzustellen. Es wird keine Gewährleistung irgendeiner Art angegeben oder impliziert. Die Leser erkennen an, dass der Autor keine rechtliche, finanzielle, medizinische oder andere professionelle Beratung anbietet. Der Inhalt dieses Buches wurde aus verschiedenen Quellen abgeleitet. Konsultieren Sie einen lizenzierten Fachmann, bevor Sie die in diesem Buch beschriebenen Techniken ausprobieren.

Durch die Lektüre dieses Dokuments erklärt sich der Leser damit einverstanden, dass der Autor unter keinen Umständen für direkte oder indirekte Verluste verantwortlich ist, die durch die Verwendung der in diesem Dokument enthaltenen Informationen entstehen, einschließlich, aber nicht beschränkt auf Fehler und Auslassungen oder Ungenauigkeiten.

Alle unsere Bücher durchlaufen umfangreiche Qualitätsprüfungen. Sollten Sie in diesem Buch dennoch Tipp- oder Satzfehler finden, freuen wir uns über einen entsprechenden Hinweis an realleotavares@gmail.com

Dieser Titel kann in großen Mengen für kommerzielle oder pädagogische Zwecke erworben werden. Für weitere Informationen senden Sie bitte eine E-Mail an realleotavares@gmail.com.

Erster Eindruck 2023

INHALT

Vorwort 9
1. Einführung in die Welt der Angst 11
   Verständnis der Angst 12
   Die Allgegenwärtigkeit der Angst in der modernen Gesellschaft 16
   Eine Einladung zur Erkundung 17

2. Gesellschaft im rasanten Wandel 18
   Auswirkungen des sozialen, technologischen und kulturellen
   Wandels auf die Zunahme der Angst 19
   Drucke der Moderne, die zu Stress und Unsicherheit beitragen .. 25

3. Ursachen der Angst 30
   Biologische, genetische und Umwelteinflüsse 31
   Untersuchung individueller und kollektiver Auslöser 34

4. Ängstlichkeit und Perfektionismus 41
   Die Beziehung zwischen dem Streben nach Perfektion und
   Ängstlichkeit 42
   Strategien zum Umgang mit dem Bedürfnis nach Perfektion
   und seinen Zusammenhängen mit Angst 50

5. Auswirkungen auf die geistige Gesundheit 58
   Psychologische Auswirkungen von Angst 59
   Wie Angst das Selbstwertgefühl und das Selbstvertrauen
   beeinflusst 64
   Langzeitwirkungen von Ängsten auf unsere psychische
   Gesundheit 71
   Strategien zur Minderung der Auswirkungen von Angst auf die
   psychische Gesundheit 88

6. Auswirkungen auf die körperliche Gesundheit 122
Auswirkungen der Angst auf unseren Körper 124
Strategien zur Linderung der körperlichen Auswirkungen von Angst 131

7. Der Teufelskreis der Angst 136
Verständnis des sich selbst verstärken den Kreislaufs der Angst 137
Methoden zum Durchbrechen des Kreises und Förderung der Genesung 152

8. Selbstmanagementstrategien 157
Praktische Strategien für Momente hoher Angstbewältigung .. 158
Techniken zur Atmung, Entspannung und Achtsamkeit zur Bewältigung von Angst 161

9. Den aufbau von Widerstandsfähigkeit 169
Die Natur der Widerstandsfähigkeit 170
Wie man emotionale Widerstandsfähigkeit entwickelt 171
Wie man Widrigkeit in persönlichen Wachstum verwandelt ... 174

10. Lifestyle und Wohlbefinden 188
Strategien zur Förderung eines gesünderen und weniger ängstlichen Lebensstils 189
Die Bedeutung einer ausgewogenen Ernährung und körperlicher Aktivitäten zur Bewältigung von Ängsten 192

11. Technologie und Angst 197
Auswirkungen des übermässigen Technologiegebrauchs auf die Angst 199
Strategien zur Balancierung der Technologienutzung und zur Reduzierung der Überlastung 201

12. Beziehungen und Soziale Unterstützung 206
Der einfluss von Beziehungen auf die Angst 207
Strategien zur Pflege von gesunden Beziehungen und zur Erlangung von emotionaler Unterstützung 210

13. Professionelle Hilfe suchen 215
Die Bedeutung der Inanspruchnahme professioneller Hilfe 216
Entmistung von Tabus im Zusammenhang mit Therapie 219

Fazit 223
Über den Autor 225
Literatur 227

VORWORT

Herzlich willkommen bei "Angst-AG", eine Einladung, die komplexen Korridore unserer inneren Welt zu betreten, in der Angst sich als ein kompliziertes Puzzle aus Emotionen, Gedanken und Empfindungen manifestiert. Hier beginnen wir, das Gewebe dieser universellen menschlichen Erfahrung zu enthüllen und bieten nicht nur Verständnis, sondern auch greifbare Strategien, um diesen emotionalen Wirbelsturm zu bändigen.

Stellen Sie sich dieses Buch als einen Führer durch die verworrenen Pfade der Angst vor. Manchmal ist es ein dunkles Labyrinth, aber es gibt immer Licht am Ende des Tunnels. Hier begeben wir uns auf die Suche nach diesem Licht, nicht nur, um die Schatten der Angst zu vertreiben, sondern auch, um sie zu demystifizieren.

Die Reise beginnt mit der Analyse dessen, was Angst ist, denn das Verstehen unseres Gegners ist der erste Schritt, um ihn zu besiegen. Wir werden tief in ihre Manifestationen eintauchen, von nervösen Stichen bis hin zu Gedanken in Spiralen, die ein Eigenleben zu haben scheinen.

Dann wagen wir uns auf die Wege des Angstmanagements und der Kontrolle. Von altbewährten Atemtechniken bis hin zu modernen Achtsamkeitsansätzen werden wir Strategien erkunden, die Erleichterung bringen und das Herz inmitten des Sturms beruhigen.

Aber es geht nicht nur darum, Angst zu überleben, sondern trotz ihr zu gedeihen. Auf diesen Seiten werden Sie entdecken, wie Sie Angst in Treibstoff für persönliches Wachstum umwandeln können. Es ist eine Einladung, über sich hinauszuwachsen und sich den Ängsten mit erhobenem Haupt zu stellen.

Bereiten Sie sich auf diese reiche Selbstentdeckungserfahrung vor. Öffnen Sie sich für die Möglichkeit eines leichteren und erleuchteteren Lebens, in dem Angst nicht mehr ein dunkler Schatten ist, sondern eine vorüberziehende Wolke am weiten Himmel des menschlichen Daseins. Wir sind bereit, diese Reise gemeinsam anzutreten. Lassen Sie uns erkunden, lernen und wachsen. Angst wird nicht länger ein Gefängnis sein, sondern eine Tür zur Freiheit.

1

EINFÜHRUNG IN DIE WELT DER ANGST

Öffnen Sie Ihr Herz für die Welt der Angst, in der jeder Schlag eine Geschichte von Mut und Selbsterkenntnis offenbart.

Angst ist eine universelle Erfahrung, der wir alle irgendwann in unserem Leben begegnen. Sie äußert sich in verschiedenen Formen und Intensitäten, von der täglichen Sorge um Verantwortlichkeiten bis hin zu dem überwältigenden Gefühl der Besorgnis vor wichtigen Ereignissen. In der modernen Zeit ist die Angst für viele zu einem ständigen Begleiter geworden, einer unerwünschten Präsenz, die unser Leben auf tiefgreifende und oft lähmende Weise beeinflusst.

Angst ist nicht nur ein emotionaler Zustand; sie ist eine komplexe und vielschichtige Reaktion unseres Organismus auf wahrgenommene bedrohliche oder stressige Situationen. Es handelt sich um eine natürliche und anpassungsfähige Reaktion, die unseren Körper und Geist auf Herausforderungen vorbereitet. Wenn diese Reaktion jedoch übermäßig, unverhältnismäßig oder anhaltend wird, hört sie auf, förderlich zu sein, und beginnt, unsere Lebensqualität und unser Wohlbefinden zu beeinträchtigen.

In diesem Kapitel beginnen wir unsere Erkundung, um nicht nur die Angst in ihrer Tiefe zu definieren und zu verstehen, sondern auch ihre Bedeutung und Häufigkeit in den komplexen Geflechten des modernen Lebens hervorzuheben. Wir werden die facettenreiche Natur der Angst aufdecken und ihre vielfältigen und oft unterschätzten Erscheinungsformen enthüllen. Indem wir ihre Definition und Bandbreite verstehen, werden wir besser darauf vorbereitet sein, den Herausforderungen zu begegnen, die sie darstellt. Schließlich ist es nur durch das Verständnis der wahren Natur des Feindes, dass wir die erforderlichen Waffen entwickeln können, um ihn zu überwinden.

VERSTÄNDNIS DER ANGST

Angst kann als ein emotionaler Zustand beschrieben werden, der von Vorahnung, Nervosität und Sorgen in Bezug auf die Zukunft geprägt ist. Es handelt sich um eine emotionale und physiologische Reaktion auf eine wahrgenommene Bedrohung, sei sie real oder eingebildet. Der Körper gerät in Alarmbereitschaft und setzt Hormone wie Adrenalin und Cortisol frei, um den Organismus auf Handlungen vorzubereiten. Diese Reaktion, als "Kampf- oder Fluchtreaktion" bekannt, ist entscheidend für unser Überleben und hilft uns, auf gefährliche Situationen zu reagieren.

In einigen Fällen kann diese Reaktion jedoch ohne einen realen Grund oder außer Verhältnis zur Situation ausgelöst werden. Hier wird Angst zu einem Problem. Wenn sie chronisch oder intensiv erlebt wird, kann Angst unsere Fähigkeit, im Alltag zu funktionieren, beeinträchtigen und unsere Beziehungen, unsere Arbeit und unsere Lebensqualität schädigen.

Die Vielfalt der Erscheinungsformen von Angst

Eine der faszinierendsten Eigenschaften von Angst ist ihre Vielfalt der Erscheinungsformen. Sie beschränkt sich nicht auf eine einzige Erfahrung oder ein Symptom, sondern zeigt sich in vielerlei Hinsicht, jede mit ihren Nuancen und Besonderheiten. Das Verständnis dieser Vielfalt ist entscheidend, um zu erkennen, wann Angst in unserem Leben präsent ist.

Übermäßige Sorgen: Eine der häufigsten Erscheinungsformen von Angst ist übermäßiges Sorgen. Dies beinhaltet einen ständigen und überwältigenden Fluss von Gedanken über zukünftige Ereignisse, selbst wenn es sich um alltägliche Situationen handelt. Der Geist wird zu einer Fabrik für negative Szenarien, und das Gefühl der Besorgnis ist konstant.

Muskelverspannungen: Ein weiteres häufiges Anzeichen von Angst ist Muskelverspannung. Chronische Angst kann zu Steifheit, Schmerzen oder körperlichem Unbehagen aufgrund der ständigen Muskelanspannung führen. Dies kann sich in Form von Kopfschmerzen,

Rückenschmerzen und sogar Verdauungsproblemen zeigen.

Reizbarkeit: Angst kann auch unsere Emotionen beeinflussen und uns reizbar und ungeduldig machen. Situationen, die normalerweise nicht stören würden, können aufgrund des anhaltenden Spannungszustands zu übermäßigen Reaktionen führen.

Unruhe: Das Gefühl der Unruhe ist ein weiterer Aspekt der Angst. Es kann schwer sein, sich zu entspannen, ruhig zu sitzen oder sich auf eine bestimmte Aufgabe zu konzentrieren. Der Geist ist ständig in Bewegung, und die Person verspürt möglicherweise das Bedürfnis, ständig aktiv zu sein.

Schwierigkeiten bei der Konzentration: Angst beeinflusst auch unsere Konzentrationsfähigkeit. Es kann eine Herausforderung sein, sich auf eine Aufgabe zu konzentrieren oder Informationen aufzunehmen, wenn der Geist von Sorgen erfüllt ist.

Erschöpfung: Paradoxerweise kann Angst auch starke Erschöpfung verursachen. Die anhaltende körperliche und emotionale Anspannung kann unsere Energie aufbrauchen und uns müde und motivationslos zurücklassen, selbst nach einer ausreichenden Nachtruhe.

Dies sind nur einige der vielen Möglichkeiten, wie sich Angst äußern kann. Es ist wichtig zu verstehen, dass Angst keine einheitliche Erfahrung ist und Menschen sie auf unterschiedliche Weisen erleben können. Sie kann eine unauffällige Präsenz im Hintergrund unseres Lebens sein oder ein überwältigender Sturm sein, der uns völlig einhüllt.

Die Allgegenwart der Angst

Um die Bedeutung von Angst in der zeitgenössischen Gesellschaft zu verstehen, ist es entscheidend, ihre Allgegenwart anzuerkennen. Angst kennt keine Grenzen und betrifft Menschen jeden Alters, jeder Herkunft und Lebensweise. Sie macht keinen Unterschied zwischen Rassen, Geschlechtern oder sozialem Status. Es ist ein universelles menschliches Phänomen, ein intrinsischer Teil der menschlichen Erfahrung.

Darüber hinaus ist Angst nicht auf einen bestimmten Bereich der Gesellschaft beschränkt. Sie macht keinen Unterschied zwischen Arm und Reich, Gebildeten und Ungebildeten, Stadtbewohnern und Landbewohnern. Sie ist in allen Gesellschaftsschichten präsent, von besorgten Schülern über ihre akademische Leistung bis hin zu Führungskräften, die unter Druck stehen, ehrgeizige Ziele zu erreichen. Angst ist daher eine Sorge, die alle Gesellschaftsschichten durchdringt. Als Ergebnis ist Angst nicht nur eine individuelle Herausforderung, sondern auch ein gesellschaftliches Phänomen. Sie prägt unsere Kultur, beeinflusst unsere Normen und wirkt sich auf unsere Beziehungen aus.

DIE ALLGEGENWÄRTIGKEIT DER ANGST IN DER MODERNEN GESELLSCHAFT

In der heutigen Zeit leben wir in einer immer schnelleren und komplexeren Welt. Die Anforderungen des täglichen Lebens, der Druck, erfolgreich zu sein, die ständige Konnektivität durch Technologie und die Unsicherheiten der Zukunft tragen erheblich zur Zunahme von Angstniveaus bei. Der moderne Lebensstil führt uns oft in einen Zustand der Überlastung, in dem das Gleichgewicht zwischen Arbeit, Freizeit und Selbstfürsorge häufig vernachlässigt wird.

Die moderne Gesellschaft zwingt uns ständig dazu, uns abzuheben, ehrgeizige Ziele zu erreichen und hohe Standards in allen Lebensbereichen aufrechtzuerhalten. Soziale Medien, obwohl sie uns miteinander verbinden, können auch Ängste auslösen, indem sie ständige Vergleiche mit anderen ermöglichen. Wir werden auf verschiedene Arten beobachtet, bewertet und beurteilt, rund um die Uhr, was wachsende Ängste vor dem Versagen oder dem Nichterfüllen der uns auferlegten Erwartungen auslösen kann.

Der Wettlauf um Erfolg, übersteigerte Wettbewerbsfähigkeit und die Suche nach Perfektion sind gängige Realitäten in unserem modernen Leben. All dieser Druck kann einen Kreislauf der Angst erzeugen, in dem der Wunsch, erfolgreich zu sein, und die Sorge, dieses Ziel nicht zu erreichen, einen Zustand chronischer Belastung und Angst schaffen.

In diesem Szenario übernimmt die Angst oft die Rolle eines lästigen Beraters, einer inneren Stimme, die uns hinterfragt und uns antreibt, mehr zu erreichen, besser zu sein und den Erwartungen zu entsprechen, sowohl unseren eigenen als auch denen anderer. So verwebt sich Angst mit dem anhaltenden Streben nach Erfolg und der beharrlichen Vermeidung des Scheiterns.

EINE EINLADUNG ZUR ERKUNDUNG

Dieses Buch ist eine Einladung, die komplexe Welt der Angst zu erkunden, ihre Ursachen, Auswirkungen und Bewältigungsstrategien zu verstehen. In den kommenden Kapiteln werden wir im Detail die Ursachen von Angst, Auswirkungen auf die psychische und physische Gesundheit, gemeinsame Auslöser und vor allem Strategien und Techniken untersuchen, die uns dabei helfen können, diese Herausforderung positiv und effektiv zu bewältigen.

Indem ich Informationen, Einblicke und praktische Werkzeuge anbiete, möchte ich Sie in die Lage versetzen, Angst gesund zu erkennen und damit umzugehen. Gemeinsam werden wir einen Weg zu einem ausgewogenen Leben schaffen, in dem Angst keine Barriere, sondern eine Gelegenheit zum Wachstum und zur Selbstentwicklung ist.

2
GESELLSCHAFT IM RASANTEN WANDEL

In einer sich ständig verändernden Welt finden wir Stärke in der Anpassung und Weisheit in der Evolution.

Das Eintauchen in das Herzstück der Moderne ist wie ein Taumel, eine unermüdliche Bewegung, bei der die Gesellschaft sich bei jedem Schritt neu erfindet. Wir leben in einer Ära überwältigender Veränderungen, einem Wirbelwind des Wandels, der alle Dimensionen unseres Lebens erfasst. Während wir die sich ständig entwickelnde Landschaft beobachten, werden wir vor die Herausforderung gestellt, das fragile Gleichgewicht zwischen der Notwendigkeit zur Anpassung und dem Erhalt unserer geistigen und emotionalen Gesundheit zu finden. Auf dieser sich bewegenden Bühne tritt die Angst als unerwünschte Begleiterin auf, ein Schatten, der uns auf diesem turbulenten Weg verfolgt.

In diesem Kapitel laden wir Sie ein, tief in den rasenden Tanz der Moderne einzutauchen und die komplexen Verbindungen zwischen sozialen, technologischen und kulturellen Veränderungen sowie dem zunehmenden Spiralen der Angst, die dieser beschleunigte Prozess hervorruft, zu enthüllen. Jeder Schritt, jede Wendung in diesem Tanz hinterlässt Spuren in unserer kollektiven Psyche. Es ist eine Choreografie, die den Widerstand unseres Geistes und die Flexibilität unseres Geistes herausfordert.

Soziale Veränderungen lösen Wellen kultureller Veränderungen aus, die wiederum in der technologischen Entwicklung Resonanz finden. Das Internet, soziale Netzwerke und künstliche Intelligenz gestalten nicht nur unsere Interaktionen, sondern auch unsere Wahrnehmung der Realität und sogar unser Selbstbild. Dieser rasante Fortschritt hat jedoch seinen Preis, und die Angst wird zu einem ständigen Echo inmitten dieses Fortschritts. Sie dringt in unser Leben ein, genährt von Unsicherheiten und dem schnellen Tempo dieses modernen Tanzes. Wir werden lernen, mit der Moderne zu tanzen, die Harmonie zwischen der Geschwindigkeit des Wandels und innerem Frieden zu finden und diesen schwindelerregenden Tanz in eine Bewegung der Resilienz und des Wachstums zu verwandeln.

AUSWIRKUNGEN DES SOZIALEN, TECHNOLOGISCHEN UND KULTURELLEN WANDELS AUF DIE ZUNAHME DER ANGST

Die sozialen, technologischen und kulturellen Veränderungen, die die Moderne prägen, haben tiefgreifende Auswirkungen auf die Zunahme von Angstniveaus in unserer zeitgenössischen Gesellschaft. Wir werden jede dieser Dimensionen im Detail erkunden, um die Komplexität dieser Interaktion und ihre

Auswirkungen auf die psychische Gesundheit zu verstehen.

Sozialer Wandel

Die Gesellschaft ist ständig im Wandel, und soziale Veränderungen sind einer der Haupttreiber von Angst. Mit der Herausforderung und Neudefinition alter Strukturen und Normen entsteht ein Gefühl von Unsicherheit und Instabilität. Die Revolution in den Geschlechterrollen, Vielfalt, Massenmigration und andere soziale Phänomene führen zu zusätzlicher Komplexität in den zwischenmenschlichen Beziehungen.

Diese Wechselwirkung zwischen Individuen und der sich entwickelnden Gesellschaft kann zu Angst führen, insbesondere bei denen, die sich in dem Tempo des sozialen Wandels verloren oder überfordert fühlen. Der Druck, sich an neue Normen und Erwartungen anzupassen, kann zu einem Gefühl der Unzulänglichkeit führen, was zur Angst beiträgt.

Die Technologische Revolution

Die technologische Revolution bietet eine beispiellose Konnektivität, führt jedoch auch zu einer Reihe von emotionalen und mentalen Herausforderungen. Der umfassende Einsatz von elektronischen Geräten und die ständige Online-Präsenz können zu Informationsüberlastung und dem Gefühl führen, ständig "verbunden" zu sein.

Darüber hinaus schaffen soziale Medien ein Umfeld für ständigen Vergleich mit anderen, was zu sozialer Angst führen kann. Der Druck, online ein idealisiertes Bild aufrechtzuerhalten, kann einen intensiven Leistungsdruck erzeugen.

Kulturelle Veränderungen

Kulturelle Veränderungen sind ein integraler Bestandteil der Dynamik der modernen Gesellschaft, die unsere Wahrnehmung, Verhaltensweisen und Interaktionen formt. Die zeitgenössische Kultur entwickelt sich ständig, und diese Transformation hat tiefgreifende Auswirkungen auf die Art und Weise, wie wir das Leben wahrnehmen und leben, was wiederum unsere psychische Gesundheit beeinflusst.

Eine der auffälligsten Eigenschaften kultureller Veränderungen ist der Übergang von einem kollektivistischen Denken zu einer stärker individuellen Kultur. Die Betonung von Autonomie und persönlicher Erfüllung ist zur dominierenden Erzählung geworden. Obwohl dies Freiheit und Selbstbefähigung mit sich bringt, erzeugt es auch zusätzlichen Druck auf jedes Individuum.

Die Idee der "persönlichen Erfüllung" kann Angst erzeugen, da Individuen sich unter Druck gesetzt fühlen, hohe Standards zu erreichen und nicht nur den Erwartungen der Gesellschaft, sondern auch ihren eigenen gerecht zu werden. Die unermüdliche Verfolgung persönlicher Ziele kann oft ein ständiges Gefühl der Unzufriedenheit und damit Angst erzeugen.

Die zeitgenössische Kultur ist auch zutiefst in der Suche nach Konsum und dem ständigen Streben nach neuen Erfahrungen verwurzelt. Wir leben in einer Gesellschaft, die die Vorstellung fördert, dass der Erwerb von mehr Dingen und die Suche nach neuen Erfahrungen uns zu Glück und vollständiger Zufriedenheit führen werden.

Diese unermüdliche und oft unrealistische Suche nach einem idealen Lebenszustand kann jedoch Angst erzeugen. Das anhaltende Gefühl der chronischen Unzufriedenheit aufgrund des Konsumkulturs kann zu einem Angstkreislauf führen, da wir nie vollständig zufrieden sind mit dem, was wir haben oder erreicht haben. Dies kann einen ständigen Druck erzeugen, mehr zu erwerben und einen unerreichbaren Standard von "Glück" zu erreichen.

Kulturelle Veränderungen beeinflussen auch unsere zwischenmenschlichen Beziehungen und unser Gemeinschaftsgefühl. Wir leben in einer Zeit, in der Beziehungen oft durch Technologie vermittelt werden und physische Verbindungen durch digitale Interaktionen ersetzt werden können. Dies hat tiefgreifende Auswirkungen auf unsere Wahrnehmung von Zugehörigkeit und Einsamkeit.

Die Neugestaltung sozialer Bindungen kann insbesondere bei denen, die sich inmitten dieses Wandels entfremdet oder isoliert fühlen, Angst erzeugen. Der Druck, eine idealisierte Online-Präsenz aufrechtzuerhalten, kann ein Gefühl der Unechtheit erzeugen und zur sozialen Angst beitragen.

Diese kulturellen Veränderungen, die Individualität, Konsum und die Neugestaltung unserer Beziehungen fördern, sind miteinander verknüpft und beeinflussen unsere täglichen Erfahrungen. Durch das Verständnis der Rolle, die Kultur bei moderner Angst spielt, können wir effektive Strategien entwickeln, um dieser Herausforderung zu begegnen, und eine ausgewogenere und gesündere Herangehensweise an das moderne Leben fördern.

Intersektion und Verbindung

Die Intersektion und Verbindung zwischen den Dimensionen des sozialen, technologischen und kulturellen Wandels schaffen eine komplexe Umgebung, die unsere geistige und emotionale Gesundheit signifikant beeinflusst. Diese Synergie verstärkt die Auswirkungen dieser Veränderungen und führt zu einer kumulativen Zunahme von Angst in der zeitgenössischen Gesellschaft.

Soziale, technologische und kulturelle Veränderungen sind intrinsisch miteinander verflochten und bilden ein komplexes Netzwerk von Einflüssen. Soziale Veränderungen prägen zwischenmenschliche

Beziehungen, und technologische Innovationen beeinflussen direkt die Art und Weise, wie wir kommunizieren, arbeiten und Beziehungen pflegen. Diese Veränderungen werden durch kulturelle Entwicklungen verstärkt, die unsere Werte, Erwartungen und Aspirationen neu definieren.

Beispielsweise wirkt sich die schnelle technologische Entwicklung direkt auf unsere sozialen Interaktionen aus. Die umfangreiche Nutzung von elektronischen Geräten und sozialen Medien führt oft zu einer Abnahme der Qualität und Tiefe zwischenmenschlicher Beziehungen, was sich negativ auf unser emotionales Wohlbefinden auswirkt.

Diese Verflechtung und gegenseitige Abhängigkeit moderner Veränderungen führen zu einer kumulativen Auswirkung auf die Angst. Der zeitgenössische Mensch, der ständig in dieser Umgebung schneller und stärker miteinander verknüpfter Veränderungen eingetaucht ist, erlebt oft einen Zustand chronischer Angst.

Das Verständnis dieser Interkonnektivität ist entscheidend, um Angst effektiv zu bewältigen. Bewältigungsstrategien und Interventionen müssen die komplexe Wechselwirkung all dieser Aspekte berücksichtigen. Die Herausforderung besteht darin, ein Gleichgewicht zwischen der Nutzung der Vorteile dieser Veränderungen und der Milderung der negativen Auswirkungen auf unsere geistige und emotionale Gesundheit zu finden.

Die Suche nach diesem Gleichgewicht ist entscheidend, um einen gesünderen und nachhaltigeren Ansatz zum zeitgenössischen Leben zu fördern. Wir müssen lernen, Technologie bewusst zu nutzen, soziale Veränderungen gerecht zu akzeptieren und ständig unsere kulturellen Werte zu hinterfragen und neu zu definieren. Nur durch dieses Gleichgewicht und das Verständnis der Verbindung zwischen diesen Dimensionen können wir die Angst ganzheitlich angehen und ein ausgewogenes und erfüllendes Leben in der modernen Ära anstreben.

DRUCKE DER MODERNE, DIE ZU STRESS UND UNSICHERHEIT BEITRAGEN

Die Moderne hat eine Reihe von Fortschritten und Vorteilen für die Gesellschaft gebracht, aber auch einzigartige Belastungen, die zu Stress und Unsicherheit im Leben der Menschen beitragen können. Lassen Sie uns diese Belastungen im Detail erkunden, um zu verstehen, wie sie die geistige und emotionale Gesundheit in der zeitgenössischen Welt beeinflussen.

Einer der drängendsten Drücke der Moderne ist die Geschwindigkeit, mit der sich die Dinge ändern. Die Technologie entwickelt sich exponentiell, die sozialen und beruflichen Erwartungen sind ständig im Aufwind, und der Alltag ist unglaublich beschleunigt. Diese schnelle Transformation schafft einen ständigen

Anpassungs- und Lernbedarf, was zu chronischem Stress führen kann, da die Menschen darum kämpfen, Schritt zu halten.

Wachsende Erwartungen in allen Lebensbereichen, angefangen bei der Arbeitsleistung über soziale Interaktionen bis hin zur Suche nach persönlichem Glück, können einen ständigen Druck erzeugen, oft unerreichbare Standards zu erfüllen, was zu einem Zyklus von Stress und Angst führen kann.

Wir leben im Informationszeitalter, in dem wir durch das Internet und soziale Medien mit einer beispiellosen Menge an Daten und Inhalten überflutet werden. Dies bietet wertvolle Chancen, erzeugt jedoch auch eine Informationsüberlastung. Der Versuch, diesen ständigen Datenfluss zu verarbeiten und zu assimilieren, kann überwältigend sein und zu Angst und Unsicherheit über unser Verständnis der Welt führen.

Darüber hinaus kann die Abhängigkeit von der Technologie für Kommunikation und tägliche Aufgaben ein Gefühl der Unsicherheit erzeugen, wenn wir nicht verbunden sind oder unsere Privatsphäre beeinträchtigt wird. Die Angst, "nicht verbunden" zu sein, kann zur Angst beitragen.

Die Moderne fördert oft eine Kultur ständiger Konkurrenz und Vergleiche. In beruflichen und persönlichen Bereichen befinden sich Menschen oft in einem unerbittlichen Wettbewerb, um Ziele zu erreichen, materielle Güter zu erwerben und hohe Lebensstandards zu erreichen. Die ständige Exposition gegenüber den vermeintlichen Erfolgen und idealen Lebensstilen anderer, verstärkt durch soziale Medien, kann einen Druck erzeugen, sich zu messen und zu vergleichen, was zu einem Gefühl der Unzulänglichkeit und chronischem Stress führen kann.

Diese Wettbewerbskultur kann auch die geistige Gesundheit beeinflussen, da Menschen sich ständig von anderen und der Gesellschaft bewertet fühlen und somit ständig auf der Suche nach Bestätigung und Akzeptanz sind.

Die neue Realität erfordert eine extreme Hingabe an die berufliche Laufbahn, mit langen Arbeitszeiten und ständiger Internetkonnektivität. Die Balance zwischen Berufs- und Privatleben kann zu einer mühsamen Aufgabe werden und Stress aufgrund des Drucks, den Anforderungen in beiden Bereichen gerecht zu werden.

Der Mangel an Zeit für Freizeitaktivitäten, Selbstfürsorge und angemessene Erholung trägt zum chronischen Stress und zur Angst bei. Die Unfähigkeit, sich von der Arbeit zu lösen, kann zu einem anhaltenden Stresszustand führen, der sich negativ auf die geistige Gesundheit auswirkt.

Diese Belastungen der Moderne sind miteinander verbunden und stellen erhebliche Herausforderungen für die geistige und emotionale Gesundheit dar. Es ist entscheidend, ein Gleichgewicht zwischen der Nutzung der Fortschritte und Vorteile, die die Moderne bietet, zu finden und gleichzeitig effektive Strategien zur Bewältigung von Stress und Unsicherheit in diesem beschleunigten und anspruchsvollen Lebensstil zu entwickeln.

Mit dem Abschluss dieser Untersuchung über die schnelllebige Gesellschaft wird deutlich, dass wir in einer Ära rascher Veränderungen leben. Der Tanz der Moderne ist komplex, anspruchsvoll und oft überwältigend. Soziale, technologische und kulturelle Veränderungen sind untrennbar miteinander verbunden und beeinflussen die geistige und emotionale Gesundheit erheblich. Die Drücke der Moderne sind real, und ihre Auswirkungen auf die Angst sind spürbar.

Dennoch lädt uns dieses Kapitel auch dazu ein, ein Gleichgewicht zwischen der Anpassung an dieses hektische Tempo und der Bewahrung unserer geistigen Gesundheit zu finden. Indem wir die Verbindung dieser Veränderungen und ihre kumulativen Auswirkungen verstehen, sind wir besser in der Lage, den Herausforderungen zu begegnen, die die Moderne uns bietet. Unser Ziel ist es nun, die tieferen Ursachen und Grundlagen der Angst in der zeitgenössischen Gesellschaft zu erforschen.

Wenn wir uns auf das Gebiet der Angst begeben, ist es unerlässlich, die tiefen Wurzeln dieses komplexen Phänomens zu verstehen. Angst ist keine isolierte Emotion; sie ist ein Echo verschiedener Einflüsse und Erfahrungen, die unser tägliches Leben prägen. Das nächste Kapitel soll die vielfältigen Ursachen aufzeigen, die Angst in unserem Leben auslösen und schüren, und Möglichkeiten aufzeigen, wie wir inmitten dieser zeitgenössischen Herausforderung Ruhe und Gleichgewicht wiederherstellen können.

3

URSACHEN DER ANGST

In den Wurzeln der Angst entdecken wir die Quelle, aber auch den Samen der Überwindung.

In der komplexen Struktur menschlicher Erfahrung tritt Angst als zentrales Element hervor. Es ist eine Emotion, die sich auf vielfältige Weisen manifestieren kann, von einem sanften Flüstern der Besorgnis bis hin zu einem ohrenbetäubenden Brüllen des Schreckens.

Im Kern der Ursachen von Angst liegen die biologischen Mechanismen unseres Körpers, in denen das Zusammenspiel von Molekülen und elektrischen Signalen im Gehirn unsere emotionale Reaktion bestimmt. Unsere Gene, die Bausteine unseres Daseins, spielen ebenfalls eine Rolle bei unserer Anfälligkeit für Angst. Doch Angst beschränkt sich nicht auf die Biologie; sie zeigt sich in unserer Psyche, geformt durch unsere vergangenen Erfahrungen, Denkmuster und Persönlichkeitsmerkmale.

Dennoch ist Angst keine einsame Entität. Sie wird beeinflusst von unserer Umgebung, den sozialen Spannungen unserer modernen Ära und der Lebensweise, die wir wählen. Ständiger Stress, unbarmherziger sozialer Druck und die ständige Flut von Informationen im digitalen Zeitalter sind zu einem integralen Bestandteil unseres Alltags geworden und spielen eine entscheidende Rolle bei der Verstärkung von Angst. Diese Einflüsse verweben sich miteinander und erschaffen eine dissonante Symphonie der Angst in unseren Leben.

Wenn wir dieses komplexe Netz von Ursachen entwirren, wird offensichtlich, dass Angst nicht nur eine Folge unserer Handlungen oder des Zufalls ist; sie ist eine komplexe Reaktion auf eine vielschichtige Gruppe von Einflüssen. Angst kann als Echo unserer Biologie, unserer sozialen Interaktionen und unserer Lebenserfahrungen betrachtet werden. Sie manifestiert sich in allen Aspekten unseres Seins, angefangen von den Schaltkreisen unseres Gehirns bis hin zu den Szenarien unseres täglichen Lebens.

In diesem Kapitel werden wir jede dieser Ursachen aufschlüsseln, ihre Feinheiten erkunden und verstehen, wie sie zur komplexen Struktur der Angst beitragen. Denn das Verständnis der Ursachen ist der entscheidende erste Schritt zur Entwicklung effektiver Bewältigungsstrategien.

BIOLOGISCHE, GENETISCHE UND UMWELTEINFLÜSSE

Angst ist ein Phänomen, das aus einer komplexen Wechselwirkung biologischer, genetischer und Umweltfaktoren resultiert. Das Verständnis dieser Einflüsse ist entscheidend, um ganzheitliche Ansätze zur Bewältigung und Behandlung von Angststörungen zu entwickeln. Wir werden unser Verständnis für jeden dieser grundlegenden Faktoren vertiefen.

Biologische Faktoren

Angst hat eine solide biologische Grundlage, wobei das Gehirn das Zentrum für die Verarbeitung dieser Emotion darstellt. Neurotransmitter wie Serotonin, Noradrenalin und GABA spielen entscheidende Rollen. Serotonin beispielsweise ist mit der Regulation der Stimmung und der Emotionen verbunden. Das Ungleichgewicht dieser Neurotransmitter kann zu einer unverhältnismäßigen Angstreaktion führen, die für Angststörungen charakteristisch ist.

Neben den Neurotransmittern spielt das zentrale Nervensystem, insbesondere das Gehirn und das Rückenmark, eine entscheidende Rolle bei der Regulation von Angst. Bestimmte Teile des Gehirns, wie die Amygdala und der präfrontale Kortex, sind besonders an der Verarbeitung und Reaktion auf Angst beteiligt.

Das Hormon Cortisol, das als Reaktion auf Stress freigesetzt wird, spielt eine bedeutende Rolle bei der Entwicklung von Angststörungen. Chronisch erhöhte Cortisolspiegel können die psychische Gesundheit beeinträchtigen, indem sie die Stresssensitivität erhöhen und die Wahrscheinlichkeit von Angsterfahrungen erhöhen.

Genetische Faktoren

Angst, wie viele Aspekte unserer Gesundheit, hat eine komplexe Verbindung zur Genetik. Studien zeigen, dass Angst eine signifikante genetische Basis hat. Die Anfälligkeit für Angststörungen kann genetisch vererbt werden und eine Vererbung mit sich bringen, die die individuelle Vulnerabilität beeinflusst. Bestimmte Gene spielen in diesem Prozess eine entscheidende Rolle, da sie die Funktionsweise unseres Gehirns und die Regulierung unserer Emotionen formen.

Eine familiäre Vorgeschichte von Angststörungen kann daher die Wahrscheinlichkeit erhöhen, dass jemand Angst entwickelt. Bestimmte Gene, die an der Regulation von Neurotransmittern, der Stressreaktion und der emotionalen Regulation beteiligt sind, können von Generation zu Generation weitergegeben werden. Diese Gene formen unsere Reaktivität auf Stresssituationen und emotionale Herausforderungen und beeinflussen direkt unsere Anfälligkeit für Angst.

Umweltfaktoren

Dennoch ist Angst keine Geschichte, die nur in den Genen geschrieben ist; sie ist eine komplexe und facettenreiche Erzählung, die auch die uns umgebende Umwelt berücksichtigt. Unsere Erfahrungen und Umweltexpositionen spielen eine entscheidende Rolle bei der Formung der von uns empfundenen Angst.

Die Exposition gegenüber Hochdrucksituationen, toxischen Umgebungen oder traumatischen Ereignissen kann als Auslöser für Angst dienen. Der Einfluss der Umwelt darf nicht unterschätzt werden, da Erfahrungen wie Traumata, Missbrauch, familiäre Instabilität, Gewalt oder sogar Naturkatastrophen tiefgreifende und langanhaltende Auswirkungen auf unsere psychische Gesundheit haben können.

Daher ist Angst eine komplexe Wechselwirkung zwischen unserer genetischen Veranlagung und den Erfahrungen, die wir machen. Es ist wie ein zartes Zusammenspiel zwischen unseren Genen und der Welt um uns herum, ein Tanz, der die einzigartige Erfahrung von Angst für jede Person formt. Das Verständnis dieser Interaktion hilft uns, Angst auf ganzheitlichere und effektivere Weise anzugehen.

UNTERSUCHUNG INDIVIDUELLER UND KOLLEKTIVER AUSLÖSER

Angst, ein komplexes und vielschichtiges Phänomen, kann von einer Vielzahl von Faktoren ausgelöst werden, sowohl auf individueller als auch auf kollektiver Ebene. Diese Auslöser spielen eine entscheidende Rolle bei Auftreten und Intensität der Angstsymptome. Wir werden die individuellen und kollektiven Aspekte genauer erkunden, die zu dieser emotionalen Reaktion beitragen.

Individuelle Auslöser

Angst, eine komplexe Reaktion des Körpers und des Geistes auf äußere oder innere Reize, kann von verschiedenen Faktoren ausgelöst werden. Wir werden die individuellen Auslöser genauer untersuchen, die auf persönlicher Ebene entstehen und einen erheblichen Einfluss auf das Auftreten von Angst haben.

Koexistierende psychische Gesundheitszustände: Psychische Gesundheitsstörungen wie Depression, bipolare Störung oder posttraumatische Belastungsstörung können mit Angst verknüpft sein. Das Vorhandensein einer solchen Erkrankung kann die Angst verschlimmern und umgekehrt, was einen komplexen Kreislauf schafft.

Persönlichkeit: Bestimmte Persönlichkeitsmerkmale wie Perfektionismus, übermäßige Schüchternheit und kontrollierende Tendenzen können mit einem erhöhten Risiko für die Entwicklung von Angststörungen in Verbindung gebracht werden.

Traumata und persönliche Erfahrungen: Traumata und vergangene Erfahrungen sind starke Auslöser für Angst. Traumatische Ereignisse, insbesondere in der Kindheit, können den Nährboden für die Entwicklung von Angststörungen im späteren Leben schaffen. Diese Ereignisse können tiefe Spuren in unserer Psyche hinterlassen und zu einer übermäßigen Angemessenheit in ähnlichen Situationen führen.

Spezifische Phobien und Ängste: Spezifische Phobien sind häufige Auslöser von Angst. Die intensive und irrationale Angst vor bestimmten Situationen oder Gegenständen wie Höhen, Spinnen, Fliegen und anderen kann zu hohen Angstniveaus führen, wenn man mit diesen Elementen konfrontiert wird.

Denkstil und kognitive Muster: Die Art und Weise, wie wir denken, ist ebenfalls ein entscheidender Faktor. Negative Denkmuster wie Katastrophisierung (immer das Schlimmste erwarten), Generalisierung (aus einem negativen Ereignis auf alle Situationen schließen) und polarisiertes Denken (alles als schwarz oder weiß sehen, ohne Kompromisse) können zu chronischer Angst beitragen.

Persönlicher Druck und Erwartungen: Der Druck, persönlichen und sozialen Erwartungen gerecht zu werden, wie berufliche Ziele zu erreichen, hohe Leistungsstandards aufrechtzuerhalten oder bestimmte soziale Rollen zu erfüllen, kann Angst auslösen. Die Angst vor dem Scheitern oder der Nichtakzeptanz kann intensiv sein.

Negative Denkmuster: Dysfunktionale Denkmuster wie katastrophales Denken, ständiges Erwarten des Schlimmsten oder Vorwegnahme negativer Ergebnisse können fortlaufend Angst auslösen. Die negative Interpretation von Ereignissen und Erfahrungen kann zu übermäßigen Sorgen und Ängsten führen.

Körperliche Gesundheitszustände: Körperliche Gesundheitsprobleme wie Herzerkrankungen, Atemprobleme oder chronische Erkrankungen können Angst auslösen. Die Sorge um die Gesundheit und das Gefühl des Mangels an Kontrolle über den Körper können zu erhöhter Angst führen.

Substanzkonsum: Der Konsum von Substanzen wie Alkohol, illegalen Drogen oder bestimmten Medikamenten kann Angst auslösen. Einige Substanzen können das chemische Gleichgewicht im Gehirn beeinflussen und zu Angstsymptomen führen.

Jeder Mensch hat eine einzigartige Kombination individueller Auslöser, die seine Angst beeinflussen. Das Verständnis dieser Faktoren ist entscheidend für eine effektive Bewältigung der Angst.

Kollektive Auslöser

Kollektive Auslöser der Angst sind Faktoren, die auf sozialer, kultureller oder Gruppenebene wirken und einen signifikanten Einfluss auf die von einer Gemeinschaft oder Gesellschaft erlebte Angst haben. Lassen Sie uns unser Verständnis für diese Auslöser vertiefen und ihre Verflechtung mit der kollektiven mentalen und emotionalen Gesundheit hervorheben.

Traumatische soziale und kulturelle Ereignisse: Das Auftreten traumatischer Ereignisse in einer Gesellschaft, wie Kriege, Terrorismus, Naturkatastrophen oder Epidemien, kann Massenangst erzeugen. Die Unsicherheit, die Angst vor dem Unbekannten und das

Gefühl der Unsicherheit aufgrund dieser Ereignisse können weit verbreitete Ängste in der Bevölkerung auslösen.

Herausforderungen der modernen Gesellschaft: Die moderne Gesellschaft, die oft auf Erfolg, Wettbewerb und Perfektionsstandards ausgerichtet ist, kann bei vielen Individuen Angst auslösen. Der ständige Druck, berufliche Ziele zu erreichen, sozialen Erwartungen gerecht zu werden und ein akzeptables öffentliches Image aufrechtzuerhalten, kann ein ängstliches und stressiges Umfeld schaffen.

Wirtschaftliche Stressoren: Wirtschaftliche Unsicherheit, Arbeitslosigkeit, Schulden und finanzielle Sorgen betreffen einen erheblichen Teil der Bevölkerung. Die Ungewissheit über die finanzielle Zukunft und der Druck, einen Lebensstandard aufrechtzuerhalten, können zu hohen Angstniveaus in einer Gemeinschaft führen.

Kultureller Druck: Bestimmte Kulturen können spezifische Erwartungen haben, die zur Angst beitragen. Kulturelle Erwartungen in Bezug auf Ehe, Kinder, Geschlechterrollen oder beruflichen Erfolg können bei Menschen, die sich nicht in der Lage fühlen, diesen Erwartungen gerecht zu werden, Angst auslösen.

Stigmatisierung und Diskriminierung: Rassistische, geschlechtsspezifische, sexuelle oder soziale Diskriminierung kann kollektive Ängste in Randgruppen verursachen. Soziale Stigmatisierung und Ausgrenzung können eine anhaltende Angstumgebung in diesen Gemeinschaften schaffen.

Bildungsdruck: Wettbewerbsfähige Bildungssysteme können erhebliche Auslöser für Angst sein, insbesondere bei Schülern. Leistungsdruck, ständiger Wettbewerb und der Druck, akademisch erfolgreich zu sein, können zu hohen Angstniveaus führen.

Soziale und Verhaltensnormen: Strikte soziale Normen oder Erwartungen an Verhalten können bei Menschen, die nicht konform sind oder die Angst vor sozialer Ablehnung aufgrund ihrer Unterschiede haben, Angst auslösen. Das Bedürfnis, in bestimmte Standards zu passen, kann weit verbreitete Ängste hervorrufen.

Es ist wichtig zu erkennen, dass diese Faktoren nicht isoliert wirken. Sie sind miteinander verbunden und können sich gegenseitig verstärken. Zum Beispiel kann chronischer Stress die Neurochemie des Gehirns negativ beeinflussen, und negative Denkmuster können als Ergebnis von anhaltendem Stress entstehen.

Die kollektiven Auslöser der Angst spiegeln die komplexe Interaktion zwischen Individuen und der Gesellschaft wider. Sie zeigen, wie Kultur, Wirtschaft, soziale Normen und andere soziale Faktoren die mentale Gesundheit einer Gemeinschaft beeinflussen können. Das Verständnis dieser sozialen Einflüsse ist entscheidend, um eine Welt aufzubauen, in der Angst holistisch und auf die Bedürfnisse der Gemeinschaft abgestimmt verstanden und behandelt wird.

In diesem Kapitel haben wir die Komplexität der biologischen, genetischen und Umweltauslöser beleuchtet, die zur Spirale der Angst beitragen. Nun ist es an der Zeit, unsere Aufmerksamkeit auf eine der prominentesten und herausforderndsten Facetten der Angst in der modernen Gesellschaft zu richten: den Perfektionismus. Im nächsten Kapitel werden wir in die Welt des Perfektionismus eintauchen und enthüllen, wie er untrennbar mit der Angst verbunden ist und wie wir ein gesundes Gleichgewicht zwischen Streben nach Exzellenz und unserer mentalen Gesundheit finden können.

Die Reise zur Verständnis der Angst setzt sich fort, in der Hoffnung, dass jeder Schritt uns näher zu einem erfüllten und lohnenden Leben führt, frei von den Fesseln der Angst.

4
ÄNGSTLICHKEIT UND PERFEKTIONISMUS

Herausforderung des Perfektionismus, Feiern des Fortschritts und Befreiung von den Fesseln der unendlichen Erwartung.

Die unaufhörliche Suche nach Perfektion, eine Reise, die die Gänge unserer Ambitionen und Erwartungen durchzieht, ist ein komplexer und oft beunruhigender Tanz, den viele von uns in ihrem Leben aufführen. Es ist ein Tanz, der mit dem edlen Wunsch beginnt, Exzellenz zu erreichen, aber schnell zu einer emotionalen Falle werden kann, die uns in einen gnadenlosen Kreislauf der Angst verwickelt.

Im Herzen dieser Suche steht der Perfektionismus, ein Merkmal, das sowohl ein Freund als auch ein Feind sein kann. In seiner nobelsten Form kann Perfektionismus uns motivieren, das Beste in uns selbst zu suchen, nach Meisterschaft zu streben und unsere Fähigkeiten zu verbessern. In seiner herausforderndsten Form wird er jedoch zu einem eisernen Korsett, das die Selbstakzeptanz erstickt, uns in die Gewalt unerreichbar hoher Standards bringt und uns in ein Meer von Ängsten stürzt.

Dieses Kapitel ist eine tiefgehende Erkundung dieser Wechselwirkung zwischen Angst und Perfektionismus. Wir werden die Wurzeln dieses unersättlichen Verlangens nach Perfektion aufdecken und wie es oft das stille Vorspiel der Angst ist, die uns heimsucht. Wir werden die tiefen Ursprünge, die Denkmuster, die es nähren, und die emotionalen Fallstricke untersuchen, die uns gefangen nehmen, wenn wir unaufhörlich nach Exzellenz streben.

Während wir uns in diese Erkundung vertiefen, werden wir effektive Strategien ansprechen, um den Perfektionismus auf eine gesündere Art und Weise zu bewältigen und umzuleiten. Wir werden lernen, mit der Suche nach Exzellenz zu tanzen, ohne uns in der Choreografie der Angst zu verlieren. Schließlich ist es möglich, nach Meisterschaft zu streben, ohne unsere psychische Gesundheit zurückzulassen. Es ist möglich, die Bedeutung von Perfektion neu zu definieren, unsere Menschlichkeit anzunehmen und den Fortschritt statt die Perfektion zu feiern.

DIE BEZIEHUNG ZWISCHEN DEM STREBEN NACH PERFEKTION UND ÄNGSTLICHKEIT

Die Beziehung zwischen dem Streben nach Perfektion und Ängstlichkeit ist eine komplexe und oft konfliktreiche Interaktion zwischen unseren Wünschen, hohe Standards zu erreichen, und dem psychologischen Druck, den dieses Streben auf uns ausübt. Lassen Sie uns diese Beziehung näher erkunden und die psychologischen Mechanismen aufdecken, die sie antreiben.

Idealisierung und Innendruck

Die Idealisierung beginnt mit der Schaffung eines idealen Standards in unseren Köpfen, oft unerreichbar und unrealistisch. Wir stellen uns die perfekte Person vor, die wir sein wollen, die perfekten Ziele, die wir erreichen möchten, und das perfekte Leben, das wir führen möchten.

Diese idealisierte Sichtweise erzeugt einen überwältigenden inneren Druck. Wir fühlen eine intensive Notwendigkeit, diese Standards um jeden Preis zu erfüllen, und dies kann zu anhaltender Ängstlichkeit führen. Je mehr wir uns anstrengen, um diese imaginäre Perfektion zu erreichen, desto ängstlicher werden wir. Die ständige Angst, den unerreichbaren Erwartungen nicht gerecht zu werden, verfolgt uns täglich.

Dieser innere Druck kann zu einer Vielzahl von Konsequenzen für unsere psychische Gesundheit führen. Von hohem Stress und Angst bis hin zu Gefühlen der Unzulänglichkeit und geringem Selbstwertgefühl. Der ständige Kampf, diesen Standards gerecht zu werden, kann unser Glück und unsere Lebenszufriedenheit beeinflussen.

Um dieser Falle der Idealisierung und des inneren Drucks zu begegnen, ist es entscheidend, eine realistischere und mitfühlendere Sichtweise auf uns selbst zu entwickeln. Dies beinhaltet das Akzeptieren unserer Unvollkommenheiten und das Verstehen, dass der Fortschritt wichtiger ist als Perfektion. Das Erlernen, unsere Reisen und Erfolge zu schätzen, wie klein sie auch sein mögen, ist entscheidend, um diesen unbarmherzigen Druck zu lindern und ein ausgewogeneres und glücklicheres Leben zu führen.

Angst vor Beurteilung und sozialer Ablehnung

Der Perfektionismus hat oft seine Wurzeln in der Angst vor negativem Urteil durch andere. In einer Gesellschaft, in der das Bild, das wir vermitteln, hoch geschätzt wird, wird jede Abweichung von diesem idealisierten Bild oft als Versagen angesehen.

Diese ständige Angst davor, von anderen beurteilt und kritisiert zu werden, kann zu lähmender Ängstlichkeit führen. Die Angst, den gesellschaftlichen Erwartungen nicht zu entsprechen oder als weniger als perfekt angesehen zu werden, kann uns davon abhalten, authentisch zu handeln. Wir können einen überwältigenden Druck verspüren, unsere Unvollkommenheiten und Unsicherheiten zu verbergen, was zu einer verzerrten Darstellung unserer selbst führt.

Diese Angst vor sozialer Beurteilung kann sich tiefgreifend auf unsere psychische Gesundheit auswirken. Sie kann zu einem Teufelskreis von Selbstansprüchen führen, bei dem wir versuchen, unerreichbare Standards zu erfüllen, um das Urteil anderer zu vermeiden. Dies kann wiederum den Stress und die Angst erhöhen und unser Selbstwertgefühl und emotionales Wohlbefinden beeinträchtigen.

Um diese lähmende Angst zu überwinden, ist es entscheidend, an der Akzeptanz unserer Authentizität zu arbeiten. Dies bedeutet, unsere wahre Essenz zu schätzen, einschließlich unserer Fehler und Unvollkommenheiten, und zu erkennen, dass es unmöglich ist, es allen recht zu machen. Das Entwickeln von Selbstvertrauen und das Erlernen, nicht übermäßig auf externe Validierung angewiesen zu sein, sind entscheidende Schritte, um den Teufelskreis der Angst vor Beurteilung und sozialer Ablehnung zu durchbrechen.

Selbstanspruch

Selbstanspruch ist die ständige Suche nach Perfektion, das Bedürfnis, ehrgeizige Ziele zu erreichen und in allem, was wir tun, makellos zu sein. Dieser Wunsch nach Exzellenz kann sich schnell zu einer erheblichen Quelle von Ängstlichkeit entwickeln.

Indem wir sehr hohe Standards setzen, schaffen wir einen ständigen inneren Druck, um diese hohen Erwartungen zu erfüllen. Wir wollen beruflich und persönlich die Besten sein und erlauben uns oft nicht, Fehler zu machen. Diese Strenge uns selbst gegenüber kann zu übermäßigem Stress und Angst führen.

Die Angst, unsere eigenen Erwartungen nicht zu erfüllen, kann zu einer lähmenden Quelle von Angst werden. Wir fühlen ständigen Druck, perfekt zu sein, und wenn wir dieses Ideal nicht erreichen, können wir uns unzulänglich und nicht gut genug fühlen. Dieser Kreislauf von Selbstanspruch und Angst kann sich sehr negativ auf unsere psychische Gesundheit auswirken.

Um mit dem Selbstanspruch und seinen Auswirkungen auf die Angst umzugehen, ist es entscheidend, unsere Erwartungen zu überdenken und anzupassen. Wir müssen lernen, mitfühlend mit uns selbst zu sein, akzeptieren, dass wir Menschen sind und daher anfällig für Fehler und Unvollkommenheiten. Es ist wichtig, realistische und erreichbare Ziele zu setzen und anzuerkennen, dass der Fortschritt wichtiger ist als Perfektion.

Darüber hinaus kann die Entwicklung einer Wachstumsmentalität, bei der wir Herausforderungen als Gelegenheiten zum Lernen und Wachsen betrachten, uns helfen, mit dem Selbstanspruch auf eine gesündere Weise umzugehen. Die Unterstützung durch einen Fachmann im Bereich psychische Gesundheit kann ebenfalls entscheidend sein, um effektive Strategien zur Bewältigung des Selbstanspruchs zu erlernen und die damit verbundene Angst zu reduzieren.

Vergleich und ungezogener Wettbewerb

Der ständige Vergleich mit anderen und ungezügelter Wettbewerb kann erhebliche Auswirkungen auf unsere geistige und emotionale Gesundheit haben. Das digitale Zeitalter und die Verbreitung sozialer Medien haben eine neue Landschaft geschaffen, in der Menschen ihre Erfolge, Reisen, beruflichen Erfolge und positiven Aspekte ihres Lebens öffentlich teilen. Die ständige

Exposition gegenüber diesen Informationen kann einen Druck erzeugen, um diese Standards zu erreichen oder die Erfolge anderer zu übertreffen.

Der Akt des Vergleichens mit anderen ist natürlich und kann in vielen Fällen als Ansporn dienen, uns anzustrengen und unsere Ziele zu erreichen. Wenn dieser Vergleich jedoch zwanghaft und ständig wird, kann er zu hohen Ebenen von Angst und Stress führen. Wir messen unseren eigenen Wert und Erfolg an den Standards, die wir bei anderen sehen, und vergessen oft, dass jeder seine eigene Reise und einzigartige Umstände hat.

Der ungezügelte Wettbewerb ergibt sich aus diesem ständigen Vergleich, bei dem wir nicht nur mithalten, sondern andere überholen wollen. Dies kann zu einem Zyklus übermäßiger Anstrengung, Angst und manchmal emotionaler Erschöpfung führen. Das Bedürfnis, sich abzuheben und in der Gesellschaft als erfolgreich wahrgenommen zu werden, kann zu einem ständigen Gefühl der Unzulänglichkeit und Angst beitragen.

Um mit diesem Muster umzugehen, ist es wichtig, Achtsamkeit und Akzeptanz zu praktizieren, dass jeder seine eigene Reise und seine eigenen Herausforderungen hat. Es ist wichtig anzuerkennen, dass die Erfolge anderer unsere eigenen Errungenschaften nicht mindern. Sich auf realistische persönliche Ziele zu konzentrieren und den individuellen Fortschritt zu schätzen, kann dazu beitragen, den Druck des ständigen Vergleichs und des ungezügelten Wettbewerbs zu lindern.

Darüber hinaus kann die Begrenzung der Exposition gegenüber sozialen Medien und das Kultivieren einer Mentalität der Dankbarkeit für das, was wir haben und erreicht haben, zu einem größeren emotionalen Gleichgewicht beitragen. Die Unterstützung durch einen Fachmann im Bereich psychische Gesundheit kann ebenfalls hilfreich sein, um effektive Strategien zur Bewältigung der durch diesen ständigen Vergleich und Wettbewerb in der heutigen Gesellschaft entstehenden Angst zu entwickeln.

Fehlerkontrollegefühl

Die Sehnsucht nach Perfektion wurzelt oft im trügerischen Glauben, dass wir, wenn wir jede Variable in unserem Leben kontrollieren und ideale Standards erreichen können, ein perfekt kontrolliertes Leben führen werden. Die fehlerhafte Vorstellung besteht darin, dass wir, wenn wir diese Perfektion erreichen, gegen Zwischenfälle, Misserfolge oder unvorhersehbare Situationen immun sein werden.

Die Realität ist jedoch, dass wir nicht alle Aspekte des Lebens kontrollieren können. Das Leben ist von Natur aus unsicher und unvollkommen. Unerwartete Ereignisse, Veränderungen in den Umständen und unvorhergesehene Herausforderungen sind ein integraler Bestandteil des menschlichen Daseins. Das Gefühl des Mangels an Kontrolle tritt auf, wenn wir die Unvermeidlichkeit und Unvorhersehbarkeit des Lebens erkennen, selbst wenn wir bestrebt sind, Perfektion zu erreichen.

Dieser rücksichtslose Drang nach Perfektion ist oft ein Versuch, diesen wahrgenommenen Mangel an Kontrolle auszugleichen. Falscherweise glauben wir, dass wir, wenn wir einen Zustand der Perfektion in verschiedenen Lebensbereichen erreichen, alle Eventualitäten beherrschen und sicherstellen können, dass alles wie geplant verläuft. Diese Illusion erzeugt einen unerträglichen Druck, unerreichbare Standards zu erreichen.

Das Gefühl des Mangels an Kontrolle, genährt durch die Jagd nach Perfektion, kann zu hohen Ängsten führen. Die Angst davor, die Kontrolle zu verlieren, die festgelegten Standards nicht zu erfüllen und Fehler zu begehen, kann lähmend werden. Die Angst resultiert aus dem ständigen Versuch, alle möglichen Zwischenfälle vorherzusehen und zu mildern, was in einer komplexen und unvorhersehbaren Welt unmöglich ist.

Mit diesem Gefühl des Kontrollverlusts umzugehen, erfordert einen Wandel der Denkweise. Es ist wichtig, die unberechenbare Natur des Lebens zu akzeptieren und Unsicherheit zu tolerieren. Die Akzeptanz, dass wir nicht alles kontrollieren können, ist ein entscheidender Schritt zur Linderung der mit der Jagd nach Perfektion verbundenen Ängste. Das Erlernen, sich an das Unerwartete auf eine gesunde und ausgewogene Weise anzupassen, kann die psychische und emotionale Gesundheit fördern. Die Wechselwirkung zwischen dem Streben nach Perfektion und Angst ist ein Zyklus hoher Erwartungen, ständiger Angst vor Versagen,

Selbstanspruch, fortwährendem Vergleich und dem Gefühl, dass es nie genug ist. Es ist entscheidend zu erkennen, dass Perfektion eine unerreichbare Illusion ist, und stattdessen nach Exzellenz, Fortschritt und Authentizität zu streben. Die Akzeptanz unserer Unvollkommenheiten und die Wertschätzung des Weges sind entscheidende Schritte zur Linderung der Angst, die aus diesem unermüdlichen Streben nach Perfektion entsteht.

STRATEGIEN ZUM UMGANG MIT DEM BEDÜRFNIS NACH PERFEKTION UND SEINEN ZUSAMMENHÄNGEN MIT ANGST

Der Umgang mit dem Bedürfnis, perfekt zu sein, und seinen Verbindungen zur Angst ist ein herausfordernder Prozess, aber entscheidend für die Förderung des mentalen und emotionalen Wohlbefindens. Wir werden praktische und effektive Strategien erkunden, um mit diesem Muster des Perfektionismus umzugehen und die damit verbundene Angst zu lindern.

Identifikation und Bewusstsein

Der erste Schritt besteht darin, zu erkennen, dass Sie im Zyklus des Perfektionismus gefangen sind und die damit verbundene Angst. Seien Sie sich bewusst über die strengen Standards, die Sie sich auferlegen, und den Druck, perfekt in allen Lebensbereichen zu sein.

Selbstbewusstsein ist der entscheidende Ausgangspunkt für Veränderungen.

Akzeptanz der Unvollkommenheit üben

Die Akzeptanz, dass Perfektion ein unrealistisches Ziel ist und es natürlich ist, Fehler zu machen, ist der erste Schritt zur Linderung der mit Perfektionismus verbundenen Angst. Das Annehmen unserer Unvollkommenheiten ermöglicht es uns, mit weniger Druck und ständigem Urteil zu leben. Hier sind einige zusätzliche Überlegungen:

Geteilte Menschlichkeit: Denken Sie daran, dass jeder, ohne Ausnahme, Fehler macht und Herausforderungen bewältigt. Die Unvollkommenheit ist Teil der menschlichen Erfahrung. Dies zu erkennen, kann helfen, den Druck, perfekt sein zu müssen, zu reduzieren.

Fehlerumkehr: Anstatt Fehler als Versagen zu betrachten, sehen Sie sie als Gelegenheiten zum Wachstum. Jeder Fehler enthält wertvolle Lektionen, die Ihre zukünftige Leistung verbessern können.

Selbstmitgefühl praktizieren

Anstatt sich selbst für Fehler oder Misserfolge zu bestrafen, müssen wir lernen, uns genauso mitfühlend und freundlich zu behandeln, wie wir es mit einem lieben Freund tun würden. Selbstmitgefühl hilft, die aus unerbittlichem Selbstanspruch resultierende Angst zu vertreiben. Hier sind einige zusätzliche Erkenntnisse:

Selbstempathie: Selbstempathie zu entwickeln bedeutet, mit sich selbst in schwierigen Zeiten genauso zu sprechen, wie man es mit einem lieben Freund tun würde. Anstatt sich streng zu kritisieren, bieten Sie sich selbst ermutigende Worte und Unterstützung.

Freundlichkeit gegenüber sich selbst: Denken Sie daran, dass Sie es verdienen, unabhängig von Ihrer Leistung oder Ihren Erfolgen freundlich und respektvoll behandelt zu werden. Eine gesunde Selbstbeziehung zu pflegen, ist entscheidend, um die Angst zu reduzieren.

Sich auf den Prozess, nicht nur das Ergebnis, konzentrieren

Anstatt obsessiv nur auf das Endergebnis und perfekte Standards zu achten, ist es wichtig, den Prozess zu schätzen. Die Wertschätzung jeder Etappe und das Lernen aus Erfahrungen können die Angst im Zusammenhang mit dem Wunsch nach Perfektion reduzieren.

Wachstumsdenken: Übernehmen Sie eine "Growth Mindset", das sich auf kontinuierliches Lernen und persönliche Entwicklung konzentriert. Dies hilft, den Druck, sofortige und perfekte Ergebnisse zu erzielen, zu reduzieren.

Kleine Erfolge schätzen: Durch das Feiern kleiner Erfolge und Meilensteine auf dem Weg erkennen Sie den Fortschritt, bleiben motiviert und reduzieren die Angst im Zusammenhang mit dem Endziel.

Festlegung realistischer und erreichbarer Ziele

Es ist entscheidend, Ziele festzulegen, die realistisch sind und Ihre Fähigkeiten und Umstände berücksichtigen. Erreichbare Ziele ermöglichen einen gesunden und realistischen Fortschritt und reduzieren die mit irrationaler Selbstanspruch verbundene Angst.

SMART-Ziele: Erwägen Sie die Anwendung der SMART-Methode (Spezifisch, Messbar, Erreichbar, Relevant und Terminiert), um klare, erreichbare und an Ihre Realität angepasste Ziele festzulegen.

Regelmäßige Bewertung: Überprüfen Sie in regelmäßigen Abständen Ihre Ziele, um sicherzustellen, dass sie realistisch und relevant bleiben, und passen Sie sie bei Bedarf an.

Lernen aus Fehlern

Betrachten Sie Fehler und Misserfolge als Gelegenheiten zum Lernen. Anstatt in Verzweiflung zu verfallen, wenn Sie einen Fehler machen, analysieren Sie ihn objektiv, identifizieren Sie, was Sie daraus lernen können, und wenden Sie diese Erkenntnisse in der Zukunft an. Diese Herangehensweise hilft, die Angst vor dem Scheitern zu verringern.

Konstruktive Selbstreflexion: Vertiefen Sie Ihr Verständnis von Fehlern, indem Sie nach Mustern suchen und Möglichkeiten zur Verbesserung identifizieren.

Implementierung von Verbesserungen: Setzen Sie das Gelernte in die Tat um, indem Sie Ihre Herangehensweisen anpassen, um eine effektivere Leistung zu erzielen.

Festlegen gesunder Grenzen

Lernen Sie, realistische Grenzen für sich selbst festzulegen. Erkennen Sie Ihre Fähigkeiten und wissen Sie, wann es an der Zeit ist, sich auszuruhen und auf sich selbst zu achten. Überlasten Sie sich nicht mit überhöhten Erwartungen und endlosen Aufgaben. Das Festlegen gesunder Grenzen kann dazu beitragen, den durch ständigen Druck verursachten Angst zu lindern.

Priorisierung: Identifizieren Sie Ihre Prioritäten und konzentrieren Sie sich auf sie. Lernen Sie, Nein zu Verpflichtungen zu sagen, die nicht zu Ihrem Wohlbefinden beitragen.

Zeit für Selbstfürsorge: Reservieren Sie regelmäßig Zeit für Selbstfürsorge, sei es durch entspannende Aktivitäten, Bewegung oder Hobbys, die Ihnen Freude bereiten.

Professionelle Hilfe suchen

Wenn der Perfektionismus und die Angst anhalten, sollten Sie in Betracht ziehen, die Hilfe eines Fachmanns für psychische Gesundheit in Anspruch zu nehmen. Spezialisierte Therapeuten können spezifische Techniken wie die kognitive Verhaltenstherapie (CBT) anbieten, um den Perfektionismus und seine Verbindungen zur Angst zu bewältigen.

Therapeutische Partnerschaft: Arbeiten Sie mit einem Therapeuten zusammen, um die perfektionistischen Muster zu verstehen und zu überwinden, um Heilung und Wachstum zu fördern.

Achtsamkeit und Entspannungspraktiken üben

Die Praxis der Achtsamkeit und von Entspannungstechniken wie Achtsamkeitsatmung und Meditation kann dazu beitragen, die mit dem Bedürfnis nach Perfektion verbundene Angst zu reduzieren. Durch die Konzentration auf die Gegenwart und die Beruhigung des Geistes können Sie den Druck des Perfektionismus mildern.

Regelmäßige Übungen: Widmen Sie täglich Zeit Achtsamkeitsübungen wie Meditation, Achtsamkeitsatmung oder Yoga. Dies hilft, den Geist zu beruhigen und die Angst zu reduzieren.

Anwendung im Alltag: Neben formalen Achtsamkeitssitzungen praktizieren Sie Achtsamkeit in alltäglichen Situationen. Seien Sie im Moment präsent, anstatt sich auf Perfektion oder zukünftige Ergebnisse zu konzentrieren.

Den Fortschritt feiern

Lernen Sie, den Fortschritt zu feiern, nicht nur das endgültige Ergebnis. Loben Sie sich für jeden kleinen Erfolg und erkennen Sie Ihre Anstrengungen an. Dies hilft, eine positive Perspektive aufrechtzuerhalten und die mit der Suche nach Perfektion verbundene Angst zu reduzieren.

Symbolische Belohnungen: Schaffen Sie Belohnungen oder Rituale, um Ihre Erfolge zu feiern, so klein sie auch sein mögen. Dies stärkt ein Gefühl der Leistung und fördert die Fortsetzung des Fortschritts.

Tägliche Dankbarkeit: Praktizieren Sie die Dankbarkeit, indem Sie täglich Dinge erkennen, für die Sie dankbar sind. Dies hilft, eine positive Einstellung zu fördern.

Die unermüdliche Suche nach Perfektion ist eine anstrengende Reise, ein emotionales Labyrinth, das uns oft in unerreichbare Erwartungen einsperrt. Der Perfektionismus, mit seinen tief verwurzelten Wurzeln im Wunsch, makellos zu sein, in übermäßigem Selbstanspruch und in der anhaltenden Angst zu versagen, ist eine signifikante Quelle von Angst in unserem Leben. Diese Angst, genährt von einem unerbittlichen Verlangen nach Perfektion, kann unsere geistige Gesundheit untergraben, unser Selbstwertgefühl untergraben und uns ängstlich auf die gnadenlose Beurteilung durch andere Menschen reagieren lassen.

Im nächsten Kapitel werden wir uns mit den Auswirkungen von Angst auf unsere geistige Gesundheit befassen. Wir werden erkunden, wie die Angst unsere Gedanken, Emotionen und unser allgemeines Wohlbefinden beeinflusst. Das Verständnis der

Konsequenzen dieser komplexen Interaktion ist ein großer Schritt hin zu einer gesünderen Beziehung zu unseren eigenen Erwartungen, auf der Suche nach einem Gleichgewicht zwischen dem Streben nach Exzellenz und der liebevollen Akzeptanz unserer Unvollkommenheiten.

5

AUSWIRKUNGEN AUF DIE GEISTIGE GESUNDHEIT

Der Geist ist widerstandsfähig; entdecken Sie seine Stärke und verwandeln Sie Angst in Selbstbefähigung.

Angst ist ein komplexes Labyrinth von Emotionen und Gedanken, die, wenn sie außer Kontrolle geraten, signifikante Auswirkungen auf unsere geistige Gesundheit haben können. Sie ist eine natürliche und anpassungsfähige Reaktion auf Stresssituationen, die uns darauf vorbereitet, mit bevorstehenden Herausforderungen umzugehen. Wenn die Angst jedoch chronisch wird und die Grenzen des Gesunden überschreitet, wird sie zu einem Hindernis, das die Lebensqualität beeinträchtigen, unsere kognitive Funktion stören, unsere Emotionen beeinträchtigen und sogar unsere Beziehungen beeinflussen kann.

Dieses Kapitel zielt darauf ab, die Feinheiten dieser komplexen Beziehung zwischen Angst und geistiger Gesundheit zu erkunden. Gemeinsam werden wir die tiefgreifenden und oft heimtückischen Auswirkungen untersuchen, die Angst auf unser psychisches Wohlbefinden kurz- und langfristig haben kann. Das Verständnis der Natur dieser Auswirkungen ist entscheidend, damit wir angemessene Behandlungen und Bewältigungsstrategien suchen können.

In diesem Zusammenhang soll dieses Kapitel nicht nur über die Auswirkungen von Angst auf die geistige Gesundheit informieren, sondern auch Strategien und Techniken hervorheben, die dazu beitragen können, diese nachteiligen Effekte zu mildern. Über ein Arsenal von Werkzeugen zu verfügen, die es uns ermöglichen, Angst zu bewältigen, ist entscheidend für ein ausgewogenes und produktives Leben.

PSYCHOLOGISCHE AUSWIRKUNGEN VON ANGST

Angst ist eine universelle Erfahrung, eine natürliche Reaktion des menschlichen Körpers auf Stress und wahrgenommene Bedrohungen. Wenn diese Reaktion jedoch chronisch oder übermäßig wird, kann sie erhebliche psychologische Konsequenzen haben. Wir werden die Auswirkungen von Angst auf die psychische Gesundheit erkunden, indem wir Angststörungen, ihre Beziehung zur Depression und das Burnout-Syndrom sowie ihren Einfluss auf das Selbstwertgefühl und das Vertrauen betrachten.

Angststörungen

Angst an sich ist nicht pathologisch; tatsächlich ist sie ein wesentlicher Teil der menschlichen Erfahrung. Wenn die Angst jedoch intensiv und anhaltend wird, kann sie sich zu klinisch signifikanten Angststörungen entwickeln. Angststörungen sind gekennzeichnet durch übermäßige Sorgen und Ängste, begleitet von physischen und psychischen Symptomen.

Generalisierte Angststörung (GAS): Menschen mit GAS erleben chronische Angst und ständige Sorge in Bezug auf verschiedene Lebensbereiche wie Arbeit, Gesundheit, Familie und Beziehungen. Diese Sorgen sind schwer kontrollierbar und können zu physischen Symptomen wie Muskelverspannungen und Schlaflosigkeit führen.

Panikstörung: Die Panikstörung ist gekennzeichnet durch plötzliche und intensive Angstattacken, die als Panikattacken bekannt sind. Diese Episoden können so erschreckend sein, dass die betroffene Person befürchtet, eine weitere Attacke zu erleben, was zu ständiger Angst führen kann.

Posttraumatische Belastungsstörung (PTBS): PTBS tritt nach traumatischen Ereignissen auf, wie Unfälle, Missbrauch oder Gewaltsituationen. Symptome sind Albträume, Flashbacks und starke Angst.

Phobien: Phobien sind intensive und irrationale Ängste vor bestimmten Objekten, Situationen oder Tieren. Die Konfrontation mit diesen Auslösern löst extreme Angst aus und führt dazu, diese Situationen um jeden Preis zu vermeiden.

Zwangsstörung (OCD): Die Zwangsstörung ist gekennzeichnet durch aufdringliche und unerwünschte Gedanken (Obsessionen), die zu wiederholten Verhaltensweisen und Ritualen (Zwänge) führen, die dazu dienen, die Angst zu lindern. Diese Handlungen können viel Zeit und Energie in Anspruch nehmen.

Soziale Angststörung (Soziale Phobie): Soziale Phobie beinhaltet eine intensive Angst vor Bewertung oder Demütigung in sozialen Situationen. Dies kann dazu führen, soziale Interaktionen zu vermeiden, was sich erheblich auf das persönliche und berufliche Leben auswirken kann.

Depression und Angst

Die Beziehung zwischen Angst und Depression ist komplex und oft beidseitig. Viele Menschen mit Angststörungen erleben auch depressive Symptome und umgekehrt. Dies wird als Komorbidität bezeichnet, bei der zwei oder mehr psychische Gesundheitszustände in einer Person koexistieren.

Angst und Depression teilen gemeinsame Symptome wie Schlafprobleme, Müdigkeit, Reizbarkeit und Konzentrationsschwierigkeiten. Diese Überschneidungen können Diagnose und Behandlung herausfordernder machen. Wenn Angst und Depression gemeinsam auftreten, können sie belastender sein als in getrennten Fällen.

Die übermäßigen Sorgen und Grübeleien, die für die Angst charakteristisch sind, können zu negativem Denken und Pessimismus führen, was zu depressiven Symptomen beitragen kann. Darüber hinaus kann die soziale Isolation, die aufgrund von Angst entsteht, das Risiko einer Depression erhöhen.

Burnout-Syndrom

Das Burnout-Syndrom ist ein Zustand der körperlichen und emotionalen Erschöpfung aufgrund von chronischem Stress, oft im Zusammenhang mit der Arbeit. Obwohl es an sich keine Angststörung ist, besteht eine signifikante Überlappung zwischen Angst und Burnout. Menschen mit Burnout erleben aufgrund der anhaltenden Belastung und des ständigen Drucks oft Angst.

Die Symptome von Burnout umfassen Erschöpfung, Zynismus gegenüber der Arbeit, Leistungsabfall und physische Symptome wie Kopfschmerzen und Schlafstörungen. Angst kann als Reaktion auf die anhaltende Belastung, die mit Burnout verbunden ist, auftreten und zu einem überwältigenden Gefühl der Überlastung führen.

Zerstörerischer Zyklus: Angst, Depression und Burnout

Diese Bedingungen – Angst, Depression und das Burnout-Syndrom – können einen zerstörerischen Zyklus erzeugen. Angst kann zu Erschöpfung und chronischer Müdigkeit führen und depressive Symptome auslösen oder verschlimmern. Auf der anderen Seite kann Depression die Angst verstärken und einen Kreislauf schaffen, der die geistige und körperliche Gesundheit schwächt.

Dieser Zyklus kann alltägliche Aktivitäten herausfordernd machen und die Lebensqualität einer Person beeinträchtigen. Berufliche Verpflichtungen, soziale Interaktionen und sogar einfache Aufgaben können überwältigend erscheinen und zu einer Abwärtsspirale führen.

Vor diesem komplexen Zusammenhang zwischen Angst, Depression und Burnout ist es entscheidend, professionelle Hilfe für eine angemessene Diagnose und Behandlung in Anspruch zu nehmen. Ein integrierter Behandlungsplan, der nicht nur die Symptome, sondern auch die zugrunde liegenden Ursachen anspricht, kann äußerst wirksam sein.

Kognitive Verhaltenstherapien (CBT) werden oft zur Behandlung von Angst- und Depressionserkrankungen eingesetzt. Sie helfen Einzelpersonen, negative Denkmuster und dysfunktionales Verhalten zu identifizieren und zu ändern, um gesunde Bewältigungsfähigkeiten zu fördern.

Darüber hinaus sind Stressmanagementstrategien, Entspannungspraktiken, Lebensstiländerungen und emotionale Unterstützung wesentliche Bestandteile der Behandlung. Die Teilnahme an Aktivitäten, die Freude und Bedeutung bringen, wie Hobbys oder soziale Aktivitäten, kann ebenfalls zur Genesung beitragen.

WIE ANGST DAS SELBSTWERTGEFÜHL UND DAS SELBSTVERTRAUEN BEEINFLUSST

Die Beziehung zwischen Angst, Selbstwertgefühl und Selbstvertrauen ist ein komplexes Netzwerk psychologischer Wechselwirkungen, die unsere Selbstwahrnehmung und unseren Platz in der Welt formen. Angst kann einen tiefgreifenden und dauerhaften Einfluss auf das Selbstwertgefühl und das Selbstvertrauen haben und unsere Sicht auf uns selbst und unsere Beziehungen zu anderen beeinflussen. Lassen Sie uns genauer erkunden, wie Angst diese entscheidenden Aspekte unserer geistigen Gesundheit und unseres Wohlbefindens beeinflusst.

Übermäßige Selbstkritik und die Erosion des Selbstwertgefühls

Angst schafft einen fruchtbaren Boden für unbarmherzige Selbstkritik. Wir leben ständig in einem Zustand erhöhter Wachsamkeit, bewerten jede Handlung, jedes Wort oder jede Entscheidung, die wir treffen, auf der Suche nach Anzeichen von Fehlern oder Unzulänglichkeiten. Dieses anhaltende Muster der Selbstkritik untergräbt allmählich unser Selbstwertgefühl und wird zu einer grausamen inneren Stimme, die jeden Fehler, so klein er auch sein mag, verstärkt und sie zu Beweisen für unsere vermeintliche Unfähigkeit macht.

Die Selbstkritik und die Angst bilden einen gefährlichen Teufelskreis. Die Angst führt zur Selbstkritik, da sie uns übermäßig bewusst und besorgt macht über die Möglichkeit von Fehlern. Die Selbstkritik wiederum erhöht die Angst und erzeugt mehr Angst vor dem Versagen. Dieser zerstörerische Zyklus kann zu einem allmählichen Rückgang des Selbstwertgefühls und des Selbstvertrauens führen.

Die ständige Selbstkritik und die resultierende Erosion des Selbstwertgefühls haben einen tiefgreifenden Einfluss auf alle Lebensbereiche. Sie beeinflussen unsere Leistung am Arbeitsplatz und untergraben das Vertrauen in unsere Fähigkeiten und Kompetenzen. In persönlichen Beziehungen kann ein geringes Selbstwertgefühl Barrieren für Intimität und echte Verbindung schaffen. Diese Erosion des Selbstwertgefühls erstreckt sich auf unser Selbstbild und formt unsere Identität und unser Selbstwertgefühl.

Der Weg zur Überwindung der Selbstkritik ist ein Schritt in Richtung Selbstakzeptanz, Selbstliebe und dem Aufbau eines gesunden Selbstwertgefühls. Dies ist ein entscheidender Schritt, um ein erfülltes und zufriedenes Leben zu führen.

Ungewissheit: Der Samen des Zweifels

Angst hat oft ihren Ursprung in Unsicherheit, einem hinterhältigen Samen des Zweifels, der tief in unserer Psyche verankert ist. Das anhaltende Gefühl, nicht gut genug zu sein oder nicht über die erforderlichen

Fähigkeiten zu verfügen, um die Herausforderungen des Lebens zu meistern, bildet den Nährboden, auf dem Angst gedeiht. Lassen Sie uns dieses Thema und seine Auswirkungen genauer erkunden.

Unsicherheit kann aus verschiedenen Quellen stammen, wie vergangenen Erfahrungen des Versagens, Ablehnung, Traumata, strenger Erziehung oder unerreichbaren sozialen Standards. Diese Erfahrungen formen unsere Selbstwahrnehmung und unsere Sicht auf die Welt um uns herum und führen uns dazu, an unserer eigenen Kompetenz zu zweifeln.

Diese Unsicherheit, wenn sie nicht angegangen wird, nährt die Angst. Selbst wenn wir erfolgreich sind und äußere Bestätigung erhalten, bleibt die Unsicherheit bestehen und schafft einen schädlichen Zyklus. Angst lässt uns fürchten, dass andere unsere vermeintliche Unzulänglichkeit entdecken, was wiederum mehr Unsicherheit und Angst erzeugt.

Unsicherheit untergräbt unser Vertrauen in unsere Fähigkeiten und Kompetenzen. Sie hindert uns daran, Risiken einzugehen und uns herauszufordern, was unser persönliches und berufliches Wachstum einschränkt. Dieser Mangel an Selbstvertrauen kann Beziehungen, Karrieren und Lebensziele sabotieren und zu einem beeinträchtigten Selbstwertgefühl führen.

Überwindung von Unsicherheit ist ein entscheidender Schritt, um den Angstkreislauf zu durchbrechen. Indem wir eine positive Denkweise kultivieren und lernen, in unsere Fähigkeiten zu vertrauen, können wir nicht nur Angst lindern, sondern auch ein erfüllteres und befriedigenderes Leben führen.

Die Angst vor Beurteilung und die Gefangenschaft der Unechtheit

Soziale Angst ist für viele Menschen eine erhebliche Herausforderung, bei der die Angst vor dem Urteil anderer zur täglichen Realität wird. In diesem Zusammenhang werden soziale Interaktionen, die natürlich und komfortabel sein sollten, zu intensiven Stressquellen. Lassen Sie uns tiefer in diese Dynamik eintauchen und wie sie unsere Echtheit und unser Selbstwertgefühl beeinflusst.

Soziale Angst hat oft tiefe Wurzeln in vergangenen Erfahrungen, Traumata, Mobbing oder sogar mangelnder sozialer Erfahrung. Sie kann sich als Angst vor öffentlichem Sprechen, Teilnahme an Besprechungen oder sogar in informellen sozialen Situationen manifestieren.

Die Angst vor dem Urteil anderer schafft einen schädlichen Kreislauf. Sie beginnt mit der ängstlichen Vorwegnahme einer sozialen Interaktion, gefolgt von intensiver Angst während der Interaktion und endet oft in übermäßiger Nachanalyse nach dem Ereignis, bei der wir jedes Detail der Interaktion häufig negativ bewerten.

Diese ständige Angst vor Beurteilung führt dazu, dass wir Masken und Fassaden erschaffen, um uns zu schützen. Anstatt authentisch zu sein und zu zeigen, wer wir wirklich sind, spielen wir eine Rolle, um Beurteilung zu vermeiden. Dies untergräbt unser Selbstwertgefühl, da wir ständig in einer verzerrten Version von uns selbst leben.

Die Überwindung der Angst vor Beurteilung erfordert Zeit, Geduld und kontinuierliche Anstrengung. Indem wir annehmen, wer wir sind, unsere Ängste herausfordern und Unterstützung suchen, wenn nötig, können wir uns aus dem Gefängnis der Unechtheit befreien und authentischer leben, was unser Selbstwertgefühl und unser emotionales Wohlbefinden verbessert.

Vermeidung von Herausforderungen und der Abbau des Selbstvertrauens

Angst führt uns oft dazu, Situationen zu vermeiden, die wir als herausfordernd oder unangenehm empfinden. Obwohl diese Vermeidung vorübergehende Erleichterung von Unbehagen bietet, untergräbt sie langfristig unser Selbstvertrauen und hemmt unsere persönliche Entwicklung. Lassen Sie uns diese Dynamik vertiefen und Strategien zur Überwindung des Zyklus der Vermeidung von Herausforderungen erkunden.

Die Vermeidung ist eine gängige Strategie zur Bewältigung von Angst. Es ist eine natürliche Reaktion, um sich vor emotionaler Unannehmlichkeit zu schützen, die herausfordernde Situationen mit sich bringen können. Diese ständige Vermeidung hindert uns jedoch daran, unsere Ängste und Herausforderungen anzugehen und zu überwinden.

Durch die Vermeidung verpassen wir wertvolle Chancen für persönliches und berufliches Wachstum. Dies trägt zur Untergrabung des Selbstvertrauens bei, da wir nie mit diesen Hindernissen konfrontiert sind und beweisen können, dass wir in der Lage sind, mit ihnen umzugehen.

Die Vermeidung schafft einen schädlichen Kreislauf. Wir meiden eine herausfordernde Situation, was vorübergehende Erleichterung von Angst bringt. Die Vermeidung verstärkt jedoch unseren Glauben, dass wir diese Situation nicht bewältigen können, was unser Selbstvertrauen weiter untergräbt.

Die Vermeidung von Herausforderungen, obwohl sie vorübergehenden Komfort bieten kann, hat langfristig Kosten für unser Selbstvertrauen und unser persönliches Wachstum. Indem wir unsere Ängste und Herausforderungen nach und nach konfrontieren, können wir unser Selbstvertrauen wiederaufbauen, lernen und wachsen. Bedenken Sie, dass es durch Herausforderungen ist, dass wir wachsen und die beste Version von uns selbst werden.

Katastrophale Gedanken und der Abbau des Selbstwertgefühls

Angst ist oft mit einer negativen und verzerrten Denknarrative verbunden, die zu katastrophalen Gedanken führt. Diese übertrieben negativen Gedanken prognostizieren in verschiedenen Situationen das Schlimmste und führen zu einem Abbau des

Selbstwertgefühls. Lassen Sie uns diese Dynamik genauer betrachten und Möglichkeiten zur Umkehr dieses Musters erkunden.

Katastrophale Gedanken sind kognitive Verzerrungen, die die negative Seite der Umstände betonen und das Positive minimieren. Sie sind tendenziell irrational, übertrieben und nicht auf realen Fakten basierend.

Diese ständigen Gedanken an Katastrophen untergraben unser Selbstwertgefühl, da sie uns von unserer vermeintlichen Unfähigkeit überzeugen, die Herausforderungen, denen wir gegenüberstehen, zu bewältigen. Wenn sie uns davon überzeugen, dass immer das Schlimmste kurz bevorsteht, verlieren wir das Vertrauen in unsere Fähigkeiten und Kompetenzen.

Katastrophale Gedanken lösen eine Kaskade von Angst und Furcht aus, was zu weiteren negativen Gedanken und schädlicher Selbstbewertung führt. Dies bildet einen schädlichen Zyklus, der unsere Selbstwahrnehmung und unser Potenzial beeinflusst.

Katastrophale Gedanken sind wie Fesseln, die unser Selbstwertgefühl und Selbstvertrauen einschränken. Sie herauszufordern und eine positive Einstellung zu pflegen, kann helfen, unser Selbstbild wieder aufzubauen und uns die Kraft geben, die Herausforderungen des Lebens mutig und widerstandsfähig anzugehen. Seien Sie sich bewusst, dass Sie stärker sind als Ihre negativen Gedanken.

LANGZEITWIRKUNGEN VON ÄNGSTEN AUF UNSERE PSYCHISCHE GESUNDHEIT

Angst, wenn sie anhaltend und über die Zeit nicht bewältigt wird, kann eine Vielzahl signifikanter Auswirkungen auf unsere psychische Gesundheit haben. Diese Langzeitfolgen können sich auf unsere Lebensqualität, den täglichen Funktionierens und zwischenmenschliche Beziehungen auswirken und sich auf verschiedene Weisen manifestieren:

Chronische Angststörungen

Angst, wenn sie anhaltend und über die Zeit nicht bewältigt wird, kann sich in eine Vielzahl von chronischen Angststörungen entwickeln, von denen jede ihre eigenen Merkmale und Auswirkungen im täglichen Leben hat. Diese Störungen können wirklich entkräftend sein und sich sowohl auf die Lebensqualität als auch auf die Fähigkeit, Erlebnisse und soziale Interaktionen vollständig zu genießen, auswirken.

Generalisierte Angststörung (GAS): Diese Störung zeichnet sich durch chronische und übermäßige Sorgen über verschiedene alltägliche Situationen aus. Personen mit GAS haben oft Schwierigkeiten, ihre Sorgen zu kontrollieren und können ständige Angst empfinden, selbst wenn keine unmittelbare Bedrohung besteht. Dies kann sich negativ auf ihre Arbeitsleistung, zwischenmenschliche Beziehungen und körperliche Gesundheit auswirken.

Panikstörung: Personen mit einer Panikstörung erleben plötzliche und intensive Panikattacken, begleitet von überwältigender Angst und Schrecken, selbst wenn keine reale Bedrohung besteht. Diese Anfälle können zu anhaltender Besorgnis darüber führen, wann der nächste Anfall auftreten wird, und zur Vermeidung von Orten oder Situationen, in denen die Anfälle auftreten könnten.

Posttraumatische Belastungsstörung (PTBS): PTBS ist eine anhaltende und intensive Reaktion auf traumatische Ereignisse wie Missbrauch, Unfälle oder Kriegserfahrungen. Die Symptome umfassen Flashbacks, Albträume, Hypervigilanz und die Vermeidung von Traumaauslösern. Dies kann sich stark auf die Lebensqualität und die Fähigkeit zur Teilnahme an alltäglichen Aktivitäten auswirken.

Spezifische Phobien: Phobien sind intensive und irrationale Ängste vor bestimmten Objekten, Tieren, Situationen oder Aktivitäten. Diese Ängste können so lähmend sein, dass sie zu extremer Vermeidung des gefürchteten Objekts oder der gefürchteten Situation führen und die täglichen Aktivitäten und das allgemeine Wohlbefinden beeinträchtigen.

Zwangsstörung (OCD): OCD zeichnet sich durch Obsessionen aus, wiederkehrende und unerwünschte Gedanken, die oft von zwanghaftem Verhalten begleitet werden, um die durch die Obsessionen verursachte Angst zu lindern. Diese zwanghaften Rituale können viel Zeit in Anspruch nehmen und die tägliche Funktionsweise beeinträchtigen.

Diese chronischen Angststörungen beeinflussen nicht nur die psychische Gesundheit, sondern haben auch erhebliche Auswirkungen auf die alltägliche Funktionsweise und soziale Interaktionen. Eine professionelle Hilfe zur Beurteilung, Diagnose und angemessenen Behandlung, die Therapie, Medikamente und Bewältigungsstrategien zur effektiven Bewältigung dieser Störungen und zur Verbesserung der Lebensqualität umfassen kann, ist von entscheidender Bedeutung. Die Aufklärung über diese Störungen ist entscheidend, um Stigmatisierung zu reduzieren und diejenigen zu ermutigen, die leiden, Hilfe und Unterstützung zu suchen.

Depression

Lang anhaltende Angst trägt nicht nur die Last ihres eigenen Leidens, sondern kann auch Depressionen auslösen oder verstärken, eine ernsthafte psychische Erkrankung, die sich weitreichend auf unser emotionales, kognitives und Verhaltensleben auswirkt.

Entstehung und Verlauf: Chronische Angst kann als fruchtbarer Boden für die Entwicklung von Depressionen dienen. Ständige Sorgen, Gefühle der Hilflosigkeit und endlose Besorgnis können allmählich unsere emotionale Widerstandsfähigkeit untergraben und zu anhaltender Traurigkeit und Hoffnungslosigkeit führen.

Verstärkte Symptome: Die gleichzeitige Anwesenheit von Angst und Depression verstärkt oft die Symptome beider Erkrankungen. Die aufdringlichen Gedanken und übermäßigen Sorgen der Angst vermischen sich mit tiefer Traurigkeit, was zu einer überwältigenden emotionalen Belastung führt. Auch die körperliche und geistige Erschöpfung wird stärker betont.

Hoffnungslosigkeit und Hilflosigkeit: Lang anhaltende Angst kann unsere Fähigkeit, ein Licht am Ende des Tunnels zu sehen, untergraben. Der unermüdliche Kampf gegen die Angst kann uns das Gefühl geben, dass es keinen Ausweg gibt, was zur Hoffnungslosigkeit beiträgt, einem Schlüsselaspekt der Depression.

Isolation und Rückzug: Angst kann dazu führen, dass wir uns von der Welt zurückziehen und soziale Situationen und sogar alltägliche Aktivitäten vermeiden. Dieser soziale Rückzug kann das Gefühl der Einsamkeit und Hilflosigkeit vertiefen und somit die Depression verstärken.

Schwierigkeiten im täglichen Leben: Kombinierte Angst und Depression können unsere Fähigkeit, effektiv in der Arbeit, in der Schule oder in unseren täglichen Verpflichtungen zu funktionieren, beeinträchtigen. Konzentrationsschwierigkeiten, Müdigkeit und ein Gefühl emotionaler Überlastung werden zu signifikanten Hindernissen.

Behandlungsansätze: Die Behandlung von Depressionen bei Menschen, die auch unter Angst leiden, kann komplexer sein. Oft muss die Behandlung sowohl die Angst als auch die Depression ganzheitlich angehen, mit Therapie und in einigen Fällen Medikamenten.

Die Bedeutung von Unterstützung: Soziale und emotionale Unterstützung ist entscheidend für Menschen, die diesen doppelten Kampf ausfechten. Ein umfassendes und verständnisvolles Unterstützungsnetzwerk kann einen signifikanten Unterschied im Genesungsprozess machen.

Es ist entscheidend zu verstehen, dass eine durch anhaltende Angst ausgelöste Depression kein Zeichen von Schwäche oder persönlichem Versagen ist. Die Inanspruchnahme professioneller Hilfe von Fachleuten im Bereich der psychischen Gesundheit ist entscheidend für die richtige Diagnose und einen umfassenden Behandlungsplan. Das Bewusstsein und das Verständnis für diese komplexen Wechselwirkungen zwischen Angst und Depression sind entscheidend, um Mitgefühl und Verständnis zu fördern und wirksame Präventions- und Frühinterventionsstrategien zu entwickeln.

Soziale Isolation

Soziale Isolation, die oft von chronischer Angst ausgelöst wird, schafft einen Zyklus negativer Auswirkungen, die sowohl unsere psychische Gesundheit als auch unsere Lebensqualität erheblich beeinflussen.

Entstehung der Isolation: Chronische Angst kann uns von sozialen Interaktionen zurückweichen lassen. Soziale Situationen können als bedrohlich empfunden werden, was uns dazu veranlasst, soziale Veranstaltungen, Treffen mit Menschen oder sogar alltägliche Aktivitäten zu vermeiden. Dieses Vermeidungsverhalten ist ein Versuch, der Unannehmlichkeit auszuweichen, die soziale Angst verursacht.

Vermeidung und Verminderung von Chancen: Das anhaltende und ständige Vermeiden sozialer Interaktionen kann unsere Chancen auf Wachstum, Lernen und bedeutende Verbindungen verringern. Soziale Interaktionen sind entscheidend für unsere persönliche und emotionale Entwicklung, und die Isolation kann uns diese Gelegenheiten entziehen.

Verschärfung der Angst: Die Isolation kann unsere Angst verschärfen und einen Teufelskreis schaffen. Einsamkeit kann unsere Gefühle der Unzulänglichkeit verstärken und die Überzeugung, dass wir nicht in der Lage sind, sozial zu interagieren. Dies verstärkt wiederum die Angst, neue soziale Situationen zu bewältigen.

Gefährdete psychische Gesundheit: Eine langanhaltende Isolation kann zu einem signifikanten Rückgang unserer psychischen Gesundheit führen. Einsamkeit kann Gefühle von Traurigkeit, Depression und Verzweiflung auslösen, die sich negativ auf unser emotionales Wohlbefinden auswirken.

Schwierigkeiten bei der Bildung von Beziehungen: Soziale Isolation kann unsere Fähigkeiten zur Bildung und Aufrechterhaltung gesunder Beziehungen beeinträchtigen. Das Fehlen von Praxis in sozialen Interaktionen kann uns in sozialen Situationen unsicher machen und die Bildung bedeutungsvoller Verbindungen erschweren.

Den Kreis durchbrechen: Um den Kreis zu durchbrechen, ist es entscheidend, Unterstützung und professionelle Hilfe zu suchen. Therapeuten können Strategien zur Bewältigung sozialer Ängste anbieten und eine schrittweise Wiedereingliederung in das soziale Leben fördern. Darüber hinaus kann die Teilnahme an Selbsthilfegruppen ein Gefühl von Gemeinschaft und Verständnis vermitteln.

Strategien zur sozialen Wiedereingliederung: Durch den Beginn kleiner sozialer Interaktionen und deren schrittweise Erweiterung kann die soziale Wiedereingliederung gefördert werden. Die Festlegung realistischer Ziele und das Feiern von Fortschritten, auch kleinen, sind entscheidend, um Vertrauen aufzubauen.

Aufbau eines Unterstützungsnetzwerks: Die Investition in bedeutungsvolle Beziehungen zu Freunden, Familie oder Gruppen mit gemeinsamen Interessen kann eine Möglichkeit sein, den Isolationskreis zu durchbrechen. Das Teilen unserer Erfahrungen und Emotionen mit anderen kann die Angst lindern.

Soziale Isolation ist eine ernsthafte und komplexe Herausforderung, und die Anerkennung ihres Zusammenhangs mit Angst ist ein entscheidender Schritt zur Lösung. Die Suche nach professioneller Unterstützung und die Umsetzung schrittweiser Strategien zur sozialen Wiedereingliederung können dazu beitragen, unser Selbstvertrauen wieder aufzubauen und bedeutende soziale Verbindungen herzustellen.

Probleme mit Konzentration und Gedächtnis

Chronische Angst mit ihrer ständigen geistigen Aktivität und endlosen Sorgen kann sich nachteilig auf unsere Fähigkeit zur Konzentration und Erinnerung auswirken und verschiedene Bereiche unseres Lebens beeinflussen.

Geistige Überlastung und ihre Auswirkungen: Chronische Angst kann zu ständiger geistiger Überlastung führen. Hartnäckige Sorgen und aufdringliche Gedanken können es schwierig machen, sich auf eine bestimmte Aufgabe zu konzentrieren. Diese geistige Überlastung beeinträchtigt unsere Fähigkeit, angemessen zu fokussieren.

Angst und kognitive Leistung: Chronische Angst kann die kognitive Leistung negativ beeinflussen. Die Fähigkeit, Informationen zu verarbeiten, zu denken, zu lernen und sich zu erinnern, kann beeinträchtigt sein, wenn unser Geist ständig von Sorgen und Ängsten eingenommen wird.

Auswirkungen auf den Alltag: Schwierigkeiten beim Fokussieren und ein ineffektives Gedächtnis können sich auf unsere täglichen Aktivitäten auswirken, angefangen bei einfachen Aufgaben bis hin zu beruflichen und schulischen Verpflichtungen. Dies kann ein Gefühl der Unzulänglichkeit und Frustration hervorrufen und die Angst weiter verstärken.

Auswirkungen auf die Arbeits- und Studienproduktivität: Chronische Angst kann die Produktivität am Arbeitsplatz oder im Studium beeinträchtigen. Die Fähigkeit, sich auf bestimmte Aufgaben zu konzentrieren und wesentliche Informationen zu behalten, kann beeinträchtigt sein, was sich auf unsere Ergebnisse und Leistungen auswirkt.

Einfluss auf Beziehungen: Die mangelnde Fokussierung und das Versagen des Gedächtnisses können sich auf Beziehungen auswirken. Das Vergessen wichtiger Termine, Verpflichtungen oder Details kann zu Missverständnissen und Konflikten führen und die Qualität unserer persönlichen und beruflichen Beziehungen beeinträchtigen.

Lösungen suchen: Um diesen Problemen entgegenzuwirken, ist es entscheidend, Angst effektiv zu bewältigen. Stressabbau-Praktiken wie Meditation und Atemübungen können dazu beitragen, den Geist zu beruhigen und die Konzentration zu verbessern. Darüber hinaus kann die kognitive Verhaltenstherapie (KVT) eine effektive Herangehensweise sein, um Angst und ihre kognitiven Auswirkungen zu behandeln.

Gesunde Gewohnheiten: Das Aufrechterhalten gesunder Gewohnheiten wie eine ausgewogene Ernährung, regelmäßige körperliche Aktivität und ausreichender Schlaf kann unsere kognitive Fähigkeit verbessern. Diese Gewohnheiten tragen zur geistigen und körperlichen Gesundheit bei, indem sie zur Reduzierung von Angst und zur Verbesserung von Konzentration und Gedächtnis beitragen.

Zeitmanagement und Organisation: Das Entwickeln von Zeitmanagement- und Organisationsfähigkeiten kann dazu beitragen, mit der geistigen Überlastung umzugehen. Das Festlegen von Prioritäten, das Erstellen von Aufgabenlisten und das Aufteilen großer Projekte in kleinere Teile können die Konzentration und effektive Aufgabenerfüllung erleichtern.

Chronische Angst kann sich nachteilig auf unsere Konzentrations- und Gedächtnisfähigkeit auswirken und die Qualität unseres täglichen Lebens, unsere akademische und berufliche Leistung sowie unsere persönlichen Beziehungen beeinflussen. Ein effektiver Ansatz zur Bewältigung von Angst kann dazu beitragen, diese Auswirkungen zu mildern und unsere kognitive Funktion zu verbessern.

Reizbarkeit und Stimmungsschwankungen

Chronische Angst betrifft nicht nur unseren Geist, sondern auch unsere Emotionen und Verhaltensweisen und führt oft zu Reizbarkeit und häufigen Stimmungsschwankungen. Diese emotionalen Aspekte spiegeln den ständigen Alarmzustand und die Anspannung wider, denen wir bei der Bewältigung von chronischer Angst ausgesetzt sind.

Verstärkte Reaktionen: Angst kann zu verstärkten emotionalen Reaktionen führen. Stressige Situationen, die wir normalerweise bewältigen könnten, können unverhältnismäßige Reaktionen auslösen und zu intensiverem Ärger, Frustration und Reizbarkeit führen als erwartet.

Geringere Frustrationstoleranz: Aufgrund der geistigen Überlastung haben ängstliche Menschen oft eine geringere Frustrationstoleranz. Alltägliche Situationen, die nicht wie geplant verlaufen oder Hindernisse aufweisen, können zu gesteigerter Reizbarkeit und Ungeduld führen.

Teufelskreis: Die Reizbarkeit, die aus der Angst resultiert, kann wiederum mehr Angst schüren. Das ständige Gefühl von Überlastung und Ärger kann zu weiteren Sorgen und Stress führen und einen schwer zu durchbrechenden Teufelskreis schaffen.

Auswirkungen auf zwischenmenschliche Beziehungen: Diese Stimmungsschwankungen und Reizbarkeit können sich negativ auf unsere zwischenmenschlichen Beziehungen auswirken. Familie, Freunde und Kollegen können Schwierigkeiten haben, mit unseren emotionalen Schwankungen umzugehen, was die Qualität unserer Beziehungen beeinträchtigen kann.

Selbstkritik und Schuld: Nach Episoden von Reizbarkeit erleben Menschen mit chronischer Angst oft verstärkte Selbstkritik und Schuldgefühle. Sie können sich dafür verantwortlich machen, ihre Emotionen nicht kontrollieren zu können oder anderen Unannehmlichkeiten zu bereiten.

Die Bedeutung der Selbstreflexion: Für ängstliche Menschen ist es entscheidend, Selbstreflexion zu praktizieren, um ihre emotionalen Reaktionen und Verhaltensweisen zu verstehen. Das Identifizieren von Mustern der Reizbarkeit und deren Auslösern kann dazu beitragen, effektive Bewältigungsstrategien zu entwickeln.

Entspannungstechniken und gelassene Reaktion: Die Integration von Entspannungstechniken wie Meditation, Tiefenatmung und Muskelentspannungsübungen kann dazu beitragen, den Geist zu beruhigen und die Reizbarkeit zu reduzieren. Das Erlernen einer ruhigen und kontrollierten Reaktion auf stressige Situationen ist entscheidend.

Offene Kommunikation: Offene Kommunikation mit nahestehenden Personen über Angst und deren Auswirkungen kann dazu beitragen, Verständnis und Unterstützung aufzubauen. Zu erklären, dass Reizbarkeit ein Symptom von Angst ist und nicht auf Abneigung gegenüber anderen zurückzuführen ist, ist entscheidend.

Der Umgang mit Reizbarkeit und häufigen Stimmungsschwankungen, die durch Angst verursacht werden, ist eine Herausforderung, aber mit effektiven Bewältigungsstrategien möglich. Das Bewusstsein für diese emotionalen Reaktionen und die Suche nach professioneller Hilfe, wenn nötig, sind wichtige Schritte zur Verbesserung der Lebensqualität und der Beziehungen.

Substanzmissbrauch

Substanzmissbrauch ist ein schwerwiegendes Problem, das oft mit chronischer Angst verbunden ist. Personen, die unter anhaltender Angst leiden, greifen möglicherweise zu Alkohol, illegalen Drogen, unsachgemäß verschriebenen Medikamenten oder anderen Substanzen, um mit ihren Symptomen umzugehen. Leider führt diese Form der Selbstmedikation zu einem schädlichen Teufelskreis, der sowohl die Angst als auch den Substanzmissbrauch verschlimmert.

Selbstmedikation und vorübergehende Linderung: Die Selbstmedikation ist ein Bewältigungsmechanismus, bei dem die Person sofortige Linderung ihrer Angstsymptome durch den Gebrauch psychoaktiver Substanzen sucht. Alkohol und Drogen können vorübergehende Linderung der Angst bieten, was zu ihrer Wiederholung als Bewältigungsstrategie führt.

Verschlimmerung der Angst: Obwohl Substanzen anfänglich die Angst lindern können, kann ihr längerfristiger Gebrauch zu einer Verschlimmerung der Angstsymptome führen. Die Toleranz kann sich entwickeln, was zu höheren Dosen führt, um die gleiche Wirkung zu erzielen, was zu einem Teufelskreis von Abhängigkeit und zunehmender Angst führt.

Körperliche und psychische Folgen: Substanzmissbrauch kann erhebliche körperliche und psychische Schäden verursachen und die

Angstsymptome verschlimmern. Dies umfasst Gesundheitsprobleme, kognitive Beeinträchtigungen, Stimmungsschwankungen und andere negative Auswirkungen.

Schuld und Scham: Der Zyklus aus Substanzmissbrauch und Angst kann zu intensiven Gefühlen von Schuld, Scham und beeinträchtigtem Selbstwertgefühl führen. Die betroffene Person kann sich machtlos fühlen, um diesen Zyklus zu durchbrechen, und die negativen Konsequenzen ihres Verhaltens bewältigen.

Intervention und Behandlung: Die Unterbrechung des Zyklus von Substanzmissbrauch und Angst erfordert professionelle Intervention. Behandlungsprogramme, die sowohl die Sucht als auch die Angst behandeln, sind entscheidend. Dies kann kognitive Verhaltenstherapie, Beratung, Selbsthilfegruppen und in einigen Fällen Medikamente umfassen.

Soziale Unterstützung und ein Unterstützungsnetzwerk: Ein starkes und unterstützendes soziales Netzwerk ist entscheidend, um den Zyklus von Substanzmissbrauch und Angst zu durchbrechen. Freunde, Familie oder Selbsthilfegruppen können emotionale und praktische Unterstützung während des Genesungsprozesses bieten.

Entwicklung alternativer Bewältigungsstrategien: Es ist entscheidend, alternative Bewältigungsstrategien für Angst zu erlernen, die keinen Substanzmissbrauch beinhalten. Dazu können Entspannungstechniken, körperliche Aktivität, Meditation, Achtsamkeit und Therapie gehören.

Sensibilisierung für die Risiken: Es ist wichtig, das Bewusstsein für die Risiken des Substanzmissbrauchs in der Angstbewältigung zu schärfen. Die Aufklärung der Menschen über die schädlichen Auswirkungen dieser Praxis kann dazu beitragen, den Teufelskreis der Selbstmedikation zu verhindern.

Die Unterbrechung des Zyklus von Substanzmissbrauch und Angst ist ein entscheidender Schritt zur Genesung und zum Wohlbefinden. Die Suche nach professioneller Hilfe und die Unterstützung von Angehörigen sind wesentliche Schritte, um diese Herausforderung zu bewältigen und ein ausgewogenes und gesundes Leben zu führen.

Suizidale Gedanken und Selbstverletzung

Chronische Angst, wenn sie vernachlässigt und nicht behandelt wird, kann zu einem schrecklichen Ergebnis führen, bei dem betroffene Personen suizidale Gedanken haben oder sich selbst verletzen können. Dieser Zustand ist eine verheerende Folge anhaltender überwältigender Angst, die zu einem extremen Gefühl der Verzweiflung und Ohnmacht führt.

Suizidale Gedanken: Chronische Angst kann zu suizidalen Gedanken führen, bei denen die betroffene Person das Gefühl hat, dass der einzige Ausweg aus ihrem Leiden darin besteht, sich das Leben zu nehmen. Dies ist ein kritischer Zustand und erfordert sofortiges Eingreifen und professionelle Unterstützung.

Tiefe Verzweiflung: Das Gefühl der Verzweiflung im Zusammenhang mit unbehandelter chronischer Angst ist intensiv und überwältigend. Betroffene können das Gefühl haben, in einem endlosen Zyklus von Angst gefangen zu sein und keine Hoffnung auf Besserung zu haben.

Isolation und Einsamkeit: Diejenigen, die mit suizidalen Gedanken kämpfen, fühlen sich oft isoliert und einsam in ihrem Schmerz. Chronische Angst kann zu sozialer Isolation führen und das Gefühl der Einsamkeit und Ohnmacht weiter verstärken.

Selbstverletzung als Bewältigungsmechanismus: In einem Versuch, den emotionalen Schmerz zu lindern, greifen einige Menschen zur Selbstverletzung. Das Schneiden oder Zufügen von physischem Schmerz kann vorübergehend von extremer emotionaler Qual ablenken, ist jedoch eine äußerst schädliche Strategie.

Verzweifelte Suche nach Erleichterung: Suizidale Gedanken und Selbstverletzung entstehen oft aus der verzweifelten Suche nach Erleichterung von intensiver emotionaler Qual. Betroffene können das Gefühl haben, so überwältigt zu sein, dass der Tod oder Selbstverletzung ihre einzigen Fluchtoptionen sind.

Wichtigkeit sofortiger Intervention: Die frühzeitige Erkennung dieser Anzeichen ist entscheidend für eine effektive Intervention. Freunde, Familie und

Gesundheitsfachkräfte müssen auf jegliche Anzeichen suizidaler Gedanken achten und umgehend handeln, indem sie die betroffene Person an spezialisierte Hilfe verweisen.

Spezialisierte Behandlung und kontinuierliche Unterstützung: Die Behandlung von suizidalen Gedanken und Selbstverletzung beinhaltet in der Regel einen multidisziplinären Ansatz, der Psychotherapie, Medikamente und kontinuierliche Unterstützung umfasst. Die kognitive Verhaltenstherapie (CBT) wird ebenfalls häufig eingesetzt, um diese Gedanken und Verhaltensweisen anzugehen.

Prävention und Aufklärung: Das Bewusstsein für die Beziehung zwischen chronischer Angst und suizidalen Gedanken ist entscheidend. Die Aufklärung über gesunde Bewältigungsstrategien, die Bedeutung emotionaler Unterstützung und die Beseitigung des Stigmas im Zusammenhang mit psychischer Gesundheit sind entscheidend für die Prävention.

Unterstützung und Verständnis: Es ist entscheidend, dass diejenigen, die mit diesen Herausforderungen konfrontiert sind, liebevolle Unterstützung und Verständnis von ihren Angehörigen erhalten. Ein Umfeld emotionaler Unterstützung kann einen signifikanten Unterschied im Genesungsprozess bewirken.

Das Verständnis der langfristigen Auswirkungen von Angst ist entscheidend für die Implementierung von Präventions- und Früherkennungsstrategien. Die angemessene Behandlung und Unterstützung ist entscheidend, um diese Auswirkungen zu mildern und langfristige psychische Gesundheit zu fördern. Ein multidisziplinärer Ansatz mit Fachleuten für psychische Gesundheit ist häufig erforderlich, um eine umfassende und effektive Antwort auf diese Herausforderungen zu bieten.

STRATEGIEN ZUR MINDERUNG DER AUSWIRKUNGEN VON ANGST AUF DIE PSYCHISCHE GESUNDHEIT

Die effektive Bewältigung von Angst ist entscheidend, um unsere langfristige psychische Gesundheit zu schützen und unsere Lebensqualität zu verbessern. Es gibt verschiedene Strategien, die dazu beitragen können, die schädlichen Auswirkungen von Angst zu mindern:

Kognitive Verhaltenstherapie (CBT)

Die kognitive Verhaltenstherapie (CBT) ist ein weit verbreiteter und wirksamer therapeutischer Ansatz zur Behandlung von Angst und verschiedenen anderen psychischen Störungen. Sie basiert auf der Idee, dass unsere Gedanken, Emotionen und Verhaltensweisen miteinander verknüpft sind und sich gegenseitig beeinflussen. In der CBT arbeiten Therapeut und Patient zusammen, um dysfunktionale Denkmuster zu identifizieren und zu verändern, die zur Angst beitragen. Hier finden Sie weitere Informationen zur Funktionsweise der CBT bei der Behandlung von Angst:

Identifizierung dysfunktionaler Gedanken: Ein zentraler Grundsatz der CBT ist es, dem Patienten zu helfen, automatische Gedanken und verzerrte Überzeugungen zu identifizieren, die die Angst verstärken. Oft sind diese Gedanken negativ, irrational und katastrophal und führen zu einem Zyklus der Sorge und der Angst.

Überprüfung und Herausforderung von Gedanken: Mit Anleitung des Therapeuten lernt der Patient, die Gültigkeit dieser dysfunktionalen Gedanken in Frage zu stellen. Sie erforschen Beweise dafür und dagegen und entwickeln eine ausgewogenere und realistischere Perspektive.

Entwicklung von Bewältigungsfähigkeiten: Neben der Herausforderung von dysfunktionalen Gedanken hilft die CBT den Patienten, gesunde Bewältigungsfähigkeiten zu entwickeln. Dazu gehören Entspannungsstrategien, Problemlösungstechniken und schrittweise Expositionspraktiken in gefürchteten Situationen (eine wichtige Komponente bei der Behandlung von Phobien).

Identifizierung von Verhaltensmustern: Die CBT konzentriert sich auch darauf, Verhaltensmuster zu identifizieren, die zur Angst beitragen können. Zum Beispiel kann das Vermeiden gefürchteter Situationen die Angst aufrechterhalten. Der Therapeut arbeitet mit dem Patienten zusammen, um diese schlecht angepassten Verhaltensweisen zu ändern.

Festlegung von Zielen und Überwachung des Fortschritts: Während der Behandlung setzen Therapeut und Patient klare und messbare Ziele für die Reduzierung der Angst. Der Fortschritt wird im Laufe der Zeit überwacht, um bei Bedarf Anpassungen vorzunehmen.

Hausaufgaben zwischen den Sitzungen: Die Patienten erhalten oft Aufgaben für die Zeit zwischen den Sitzungen, wie das Führen eines Gedankentagebuchs oder das Üben von Entspannungstechniken. Dies hilft, das Gelernte und die Fähigkeiten in den Alltag zu integrieren.

Dauer und Wirksamkeit: Die CBT ist in der Regel eine Kurzzeittherapie, die aus einer festgelegten Anzahl von Sitzungen besteht (z. B. 12 bis 16 Sitzungen). Sie gilt als äußerst wirksam bei der Behandlung von Angststörungen und bietet praktische Werkzeuge und Strategien zur gesunden Bewältigung von Angst.

Anpassung an verschiedene Angststörungen: Die CBT kann angepasst werden, um eine Vielzahl von Angststörungen zu behandeln, darunter Generalisierte Angststörung (GAS), Panikstörung, Posttraumatische Belastungsstörung (PTBS), spezifische Phobien und Zwangsstörung (OCD).

Die CBT wird häufig mit anderen therapeutischen Ansätzen oder der Verwendung von Medikamenten kombiniert, abhängig von den individuellen Bedürfnissen des Patienten. Sie bietet eine solide Struktur zur Identifizierung, zum Verständnis und zur Überwindung von Angst und befähigt die Menschen, die Kontrolle über ihr Leben zurückzugewinnen und ihre psychische Gesundheit zu verbessern.

Meditation und Achtsamkeit

Meditation und Achtsamkeit sind jahrhundertealte Praktiken, die in der modernen Zeit aufgrund ihrer Vorteile für die psychische Gesundheit, einschließlich der Reduzierung von Angst, immer beliebter werden. Diese Praktiken konzentrieren sich auf das bewusste Wahrnehmen des gegenwärtigen Augenblicks und die achtsame Beachtung von Gedanken, Empfindungen und Emotionen ohne Wertung. Hier finden Sie detaillierte Informationen darüber, wie Meditation und Achtsamkeit helfen können, Angst zu reduzieren:

Bewusstsein im gegenwärtigen Moment: Meditation und Achtsamkeit basieren auf der Prämisse, vollständig im gegenwärtigen Moment präsent zu sein, ohne sich um die Vergangenheit oder die Zukunft zu sorgen. Dieses bewusste Sein hilft bei der Reduzierung von Angst, da Angst oft mit Sorgen über die Zukunft verbunden ist.

Den Geist beruhigen: Regelmäßiges Üben von Meditation und Achtsamkeit kann den Geist beruhigen und den ständigen Fluss ängstlicher Gedanken reduzieren. Durch die Konzentration auf die Atmung oder andere Elemente des gegenwärtigen Moments wird der Geist ruhiger.

Verringerung der Reaktivität auf Stress: Durch die Fähigkeit, Gedanken und Emotionen ohne impulsive Reaktion zu beobachten, hilft Achtsamkeitspraxis, die

Reaktivität auf Stress zu verringern. Dies kann zu überlegteren Reaktionen und weniger übertriebenen emotionalen Ausbrüchen führen.

Schulung der Aufmerksamkeit: Meditation und Achtsamkeit sind Aufmerksamkeitstraining. Sie helfen, die Fähigkeit zu entwickeln, die Aufmerksamkeit auf das Gegenwärtige zu richten, was hilfreich sein kann, um zu verhindern, dass der Geist zu Sorgen und Ängsten abschweift.

Reduzierung des Grübelns: Das Grübeln oder die fortlaufende Wiederholung negativer Gedanken ist in der Angst häufig. Achtsamkeit kann helfen, dieses Muster zu unterbrechen, indem sie die Aufmerksamkeit auf die Gegenwart lenkt und von negativen Gedanken und Grübeleien wegleitet.

Erlernen von Akzeptanz und Toleranz: Achtsamkeitspraktiken lehren, Gedanken und Emotionen ohne Wertung anzunehmen und zu erkennen, dass es sich nur um vorübergehende mentale Ereignisse handelt. Dies fördert eine mitfühlendere Haltung sich selbst gegenüber, was die mit Selbstkritik verbundene Angst reduzieren kann.

Verschiedene Meditations- und Achtsamkeitstechniken: Es gibt verschiedene Meditations- und Achtsamkeitstechniken, wie Atemmeditation, angeleitete Meditation, transzendentale Meditation und Gehmeditation. Jede dieser Techniken kann unterschiedlichen Vorlieben und

Bedürfnissen gerecht werden und ermöglicht die Anpassung der Praxis an die individuellen Bedürfnisse.

Regelmäßige und konsequente Praxis: Der Schlüssel, um von Meditation und Achtsamkeit zu profitieren, liegt in der regelmäßigen und konsequenten Praxis. Das tägliche Einplanen von Zeit für diese Praktiken kann dazu beitragen, sie in den Lebensstil zu integrieren und im Laufe der Zeit ihre positiven Auswirkungen zu erleben.

Die Integration von Meditation und Achtsamkeit in die tägliche Routine kann leistungsstarke Werkzeuge bieten, um mit Angst umzugehen und die psychische Gesundheit zu fördern. Indem wir lernen, im gegenwärtigen Moment präsenter zu sein, können wir die mit der Sorge um die Zukunft verbundene Angst reduzieren und so ein ausgewogeneres und bewussteres Leben führen.

Körperliche Aktivitäten

Regelmäßige körperliche Aktivitäten sind eine effektive und erschwingliche Strategie zur Angstreduzierung und Förderung des emotionalen Wohlbefindens. Die Vorteile gehen über die körperliche Gesundheit hinaus und erstrecken sich auf die mentale und emotionale Gesundheit. Lassen Sie uns ausführlich erkunden, wie körperliche Aktivitäten zur Angstreduzierung beitragen können:

Ausschüttung von Endorphinen: Körperliche Aktivitäten lösen die Freisetzung von Endorphinen im Gehirn aus. Endorphine sind Neurotransmitter, die als natürliche Schmerzmittel wirken und die Stimmung verbessern, indem sie ein Gefühl des Wohlbefindens und der Euphorie vermitteln.

Reduzierung von Stress und körperlicher Anspannung: Regelmäßige körperliche Aktivitäten tragen dazu bei, aufgebaute körperliche Anspannung abzubauen, ein häufiges Symptom von Angst. Durch die Bewegung entspannen sich die Muskeln, und das Gefühl der körperlichen Anspannung nimmt ab.

Verbesserung des Blutflusses und der Sauerstoffversorgung: Körperliche Aktivitäten erhöhen den Blutfluss und die Sauerstoffversorgung im gesamten Körper, einschließlich des Gehirns. Dies kann zu einer Verbesserung der geistigen Klarheit und des Frischegefühls führen, wodurch das erdrückende Gefühl, das mit Angst einhergeht, gelindert wird.

Reduzierung der Stresshormone: Regelmäßige körperliche Aktivitäten können dazu beitragen, die Spiegel von Stresshormonen wie Cortisol zu reduzieren. Diese Hormone sind oft bei Menschen mit chronischer Angst erhöht.

Verbesserung des Schlafs: Regelmäßige körperliche Aktivitäten können die Schlafqualität verbessern, was für die Kontrolle von Angstzuständen entscheidend ist. Ausreichender Schlaf kann die Stimmungsmuster regulieren und das Gefühl von Angst tagsüber reduzieren.

Steigerung des Selbstwertgefühls und des Selbstvertrauens: Die Teilnahme an körperlichen Aktivitäten kann das Selbstbild verbessern und das Selbstvertrauen stärken. Sich wohl im eigenen Körper zu fühlen und Fitnessziele zu erreichen, kann sich positiv auf die Selbstwahrnehmung auswirken.

Möglichkeit zur sozialen Interaktion: Die Teilnahme an Gruppenaktivitäten wie Sport oder Fitnesskursen bietet die Möglichkeit zur sozialen Interaktion. Soziale Interaktion kann Angst lindern, indem sie ein Gefühl der Zugehörigkeit und soziale Unterstützung bietet.

Vielfalt an Übungen: Die Vielfalt an Übungen ist wichtig, um das Interesse und die Motivation aufrechtzuerhalten. Dazu gehören aerobe Aktivitäten, Widerstandstraining, Yoga, Tanzen und vieles mehr. Die Wahl der Übungen sollte persönlichen Vorlieben und physischen Einschränkungen Rechnung tragen.

Anpassung an die persönliche Routine: Es ist entscheidend, eine Art körperlicher Aktivität auszuwählen, die sich in den Alltag und die Lebensweise eines jeden Menschen integrieren lässt. Dies erleichtert die regelmäßige Durchführung von Übungen im Alltag.

Die Integration von körperlichen Aktivitäten in die tägliche Routine kann eine äußerst effektive Methode zur Bewältigung und Reduzierung von Angstzuständen sein und bietet eine Vielzahl von Vorteilen für die physische und mentale Gesundheit. Es ist wichtig, Aktivitäten zu finden, die Freude bereiten und langfristig aufrechterhalten werden können, um maximale Vorteile zu erzielen.

Kontrollierte Atmung

Die Anwendung kontrollierter Atemtechniken, wie die Zwerchfellatmung, ist eine effektive und zugängliche Strategie zur Beruhigung des Nervensystems und zur Angstreduzierung. Dieser Ansatz konzentriert sich auf das Bewusstsein und die Kontrolle der Atmung, um ein Gefühl der Ruhe und emotionalen Ausgeglichenheit zu fördern. Lassen Sie uns im Detail erkunden, wie kontrollierte Atmung ein wertvolles Werkzeug zur Angstbewältigung sein kann:

Atembewusstsein: Der erste Schritt besteht darin, sich des eigenen Atems bewusst zu werden. Während Angstphasen wird die Atmung oft flach und schnell. Das Bewusstsein ermöglicht es, dieses Muster zu erkennen und zur Beruhigung einzugreifen.

Zwerchfellatmung: Auch als Bauchatmung bekannt, handelt es sich um eine Technik, bei der tief eingeatmet wird, wodurch das Zwerchfell sich ausdehnt. Während der Einatmung dehnt sich der Bauch aus, und während der Ausatmung zieht er sich zusammen. Dies hilft, den Körper effektiver mit Sauerstoff zu versorgen und den Geist zu beruhigen.

Atemrhythmus: Die Festlegung eines Atemrhythmus ist entscheidend. Eine gängige Technik ist die 4-7-8-Atmung, bei der Sie durch die Nase einatmen und bis vier zählen, die Luft sieben Sekunden in den Lungen halten und dann bis acht ausatmen. Dieses Muster fördert Gelassenheit.

Fokussierung auf die Atmung: Während der kontrollierten Atemübung ist es wichtig, den Fokus auf die Atmung und die Bewegungen des Bauches zu legen. Dies hilft dabei, ängstliche Gedanken zu vertreiben und bietet einen Moment der Ruhe und Konzentration.

Stress- und Angstreduktion: Kontrollierte Atmung wirkt direkt auf das Nervensystem ein und fördert die Entspannungsreaktion. Dies reduziert Stress- und Angstniveaus und fördert ein Gefühl der Ruhe und geistigen Klarheit.

Regelmäßige Übung: Um die Vorteile zu erlangen, ist es entscheidend, regelmäßig zu üben. Anfangs kann es hilfreich sein, täglich einige Minuten zu üben und im Laufe der Zeit die Dauer und Häufigkeit zu erhöhen.

Integration mit anderen Techniken: Kontrollierte Atmung kann mit anderen Entspannungstechniken wie Meditation kombiniert werden. Dies verstärkt die beruhigende Wirkung und fördert eine tiefere Entspannungserfahrung.

Anwendung in Krisensituationen: Die Fähigkeit, kontrollierte Atemtechniken in Momenten akuter Angst oder Krise anzuwenden, ist ein wertvolles Werkzeug. Sie kann in stressigen Situationen eingesetzt werden, um den Geist zu beruhigen und eine Eskalation der Angst zu verhindern.

Kontrollierte Atmung ist ein einfaches, aber kraftvolles Werkzeug, das zu jeder Zeit und an jedem Ort geübt werden kann. Es ist eine wertvolle Fähigkeit zur Bewältigung von Ängsten, zur Förderung des Wohlbefindens und zur Kultivierung inneren Friedens.

Akzeptanz- und Commitment-Therapie (ACT)

Die Akzeptanz- und Commitment-Therapie (ACT) ist ein wirksamer therapeutischer Ansatz zur Bewältigung von Angst, der den Menschen hilft, ihre Ängste und Schwierigkeiten anzunehmen und sich auf konstruktive und bedeutungsvolle Handlungen in ihrem Leben zu verpflichten. Lassen Sie uns mehr über ACT und wie es ein wertvolles Werkzeug im Umgang mit Angst sein kann, erkunden:

Akzeptanz innerer Erfahrungen: ACT betont die Bedeutung der vollen Akzeptanz unserer inneren Erfahrungen, einschließlich Emotionen, Gedanken und körperlicher Empfindungen. Das bedeutet, diese Erfahrungen nicht zu bekämpfen oder zu unterdrücken, sondern sie anzuerkennen und zuzulassen.

Achtsamkeit und Mindfulness: Die Praxis der Achtsamkeit steht im Mittelpunkt von ACT. Sie beinhaltet, im gegenwärtigen Moment ohne Urteile präsent zu sein, was dazu beiträgt, das Bewusstsein für unsere inneren Erfahrungen zu erhöhen und auf diese reaktionsfähiger zu antworten.

Festlegung von Werten und persönlichen Zielen: ACT ermutigt zur Identifikation und Definition der persönlichen Werte und Ziele jedes Einzelnen. Das Verständnis dessen, was im Leben wirklich wichtig ist, hilft dabei, Handlungen zu lenken und Entscheidungen zu treffen, die mit diesen Werten im Einklang stehen.

Verpflichtung zur Handlung: Neben der Akzeptanz ermutigt ACT zur Verpflichtung zur Handlung. Das bedeutet, konkrete Schritte in Richtung unserer Werte zu unternehmen, auch in Zeiten von Angst oder Unbehagen. Handlungen im Einklang mit den Werten werden als entscheidender Bestandteil eines sinnvollen Lebens angesehen.

Kognitive Entflechtung: Diese Technik beinhaltet die Distanz zwischen uns und unseren Gedanken und Emotionen. Wenn wir uns von unseren Gedanken lösen und sie als mentale Ereignisse betrachten, sind wir weniger anfällig dafür, von ihnen beherrscht oder definiert zu werden, was den Einfluss von Angst verringert.

Selbstbewusstsein und psychologische Flexibilität: ACT zielt darauf ab, das Selbstbewusstsein und die psychologische Flexibilität zu steigern. Dies beinhaltet die Fähigkeit, sich an verschiedene Situationen anzupassen und effektiv auf diese zu reagieren, unter Berücksichtigung unserer Werte und Ziele.

Akzeptanz von Schwierigkeiten und Leiden: Anstatt zu versuchen, das Leiden zu vermeiden, lädt uns ACT ein, die unvermeidliche Präsenz des menschlichen Leidens anzunehmen. Dies bedeutet keine Resignation, sondern einen mutigen Akt der Akzeptanz, der es uns ermöglicht, weiterhin ein sinnvolles Leben zu führen.

Arbeit mit Metaphern und Erfahrungen: ACT verwendet oft Metaphern und Erfahrungen, um Schlüsselkonzepte zu veranschaulichen und das Verständnis und die Anwendung der Strategien zu erleichtern. Diese Geschichten helfen dabei, abstrakte Konzepte in etwas Konkretes und Erinnerbares zu übersetzen.

ACT ist ein leistungsfähiger Ansatz zur Bewältigung von Angst, da er eine Struktur zur Akzeptanz herausfordernder innerer Erfahrungen bietet und gleichzeitig Verpflichtung zu bedeutungsvollem Handeln fördert. Sie hilft dabei, ein Leben auf der Grundlage von Werten, Widerstandsfähigkeit und persönlichem Wachstum zu kultivieren.

Etablieren gesunder Routinen

Das Etablieren gesunder Routinen ist ein entscheidender Pfeiler für emotionales Gleichgewicht und Wohlbefinden. Eine gut strukturierte Routine verbessert nicht nur die Effizienz in unseren täglichen Aktivitäten, sondern kann sich auch positiv auf unsere geistige und emotionale Gesundheit auswirken. Lassen Sie uns genauer erkunden, wie das Etablieren gesunder

Routinen die Angst reduzieren und einen ausgewogenen Lebensstil fördern kann:

Regelmäßiger Schlafplan: Die Festlegung eines konsistenten Schlafplans ist entscheidend für angemessene Erholung und emotionales Gleichgewicht. Ausreichender und regelmäßiger Schlaf trägt zur Stimmungsregulierung, Verbesserung der Konzentration und Verringerung von Angstzuständen bei.

Ausgewogene Ernährung: Eine ausgewogene Ernährung mit einer Vielzahl nahrhafter Lebensmittel ist für die geistige Gesundheit unerlässlich. Nährstoffreiche Lebensmittel können sich positiv auf unsere Stimmung und Energie auswirken, eine solide Grundlage für den Umgang mit Stress und Angst bieten.

Zeit für entspannende Aktivitäten: Die Integration von Zeit für entspannende Aktivitäten in die tägliche Routine ist entscheidend. Dies kann Entspannungspraktiken, Lesen, Meditation, Atemübungen oder Hobbys, die Ruhe bringen, umfassen. Diese Momente tragen zur Reduzierung von Stress und Angst bei.

Strukturierter Zeitplan: Die Erstellung eines gut definierten Zeitplans für den Tag, die Woche oder den Monat kann Ordnung und Klarheit bringen. Zu wissen, was zu erwarten ist und einen Plan zu haben, trägt dazu bei, die Unsicherheit zu reduzieren, die ein Auslöser für Angst sein kann.

Zeit für körperliche Aktivität: Die Integration regelmäßiger körperlicher Aktivität in die Routine ist ein wichtiger Baustein. Bewegung setzt Endorphine frei, chemische Stoffe, die die Stimmung heben, und hilft, Stress und Angst abzubauen, was zu besserer geistiger Gesundheit führt.

Angemessene Pausen bei der Arbeit: Die Festlegung regelmäßiger Pausen während der Arbeit ist entscheidend für Leistungsfähigkeit und Wohlbefinden. Kurze Pausen helfen dabei, Energie zu tanken und den Fokus aufrechtzuerhalten, was die Ansammlung von Stress im Laufe des Tages verhindert.

Zeitmanagement: Die effektive Zeitmanagement zu erlernen, ist entscheidend. Dazu gehört das Festlegen von Prioritäten, das Vermeiden von Prokrastination und das Reservieren von Zeit für wesentliche Aufgaben, was das Gefühl der Überlastung verringern kann.

Flexibilität in der Routine: Obwohl Struktur wichtig ist, ist es auch entscheidend, Flexibilität in der Routine einzubeziehen. Dies ermöglicht Anpassungen nach Bedarf, um mit unvorhergesehenen Ereignissen umzugehen oder einfach den momentanen Bedürfnissen gerecht zu werden.

Mentale Hygiene: Neben der Körperpflege ist es entscheidend, Zeit für die Pflege der geistigen Gesundheit zu widmen. Dies kann Praktiken wie Therapie, Entspannungsaktivitäten, Reflexion oder alles, was die geistige Gesundheit fördert, umfassen.

Das Etablieren gesunder Routinen handelt nicht nur von der Einhaltung eines strengen Zeitplans, sondern auch von der Schaffung eines Umfelds, das das Gleichgewicht und das Wohlbefinden unterstützt. Es ist ein Prozess, der Anpassungsfähigkeit und Selbstbewusstsein erfordert, um zu finden, was am besten für jeden Einzelnen funktioniert, unter Berücksichtigung seiner Bedürfnisse und seines Lebensstils. Eine gesunde Routine kann zu einem Anker werden, der ein ausgewogenes und weniger ängstliches Leben unterstützt.

Entspannungstechniken

Entspannungstechniken sind kraftvolle Werkzeuge zur Bewältigung von Stress und Angst. Sie ermöglichen es uns, uns zu verlangsamen, den Geist und den Körper zu beruhigen und einen Zustand der Ruhe wiederherzustellen. Lassen Sie uns einige Entspannungstechniken erkunden, die effektiv bei der Spannungsreduzierung und Förderung von Ruhe sein können:

Progressive Muskelentspannung: Die progressive Muskelentspannung, auch als progressive Muskelrelaxation bekannt, ist eine Technik, bei der die Muskeln absichtlich angespannt und dann gelockert werden. Dies hilft, im Körper angesammelte Spannungen abzubauen und ein Gefühl der Entspannung zu fördern.

Tiefe und kontrollierte Atmung: Die Praxis der bewussten, langsamen und tiefen Atmung kann das

Nervensystem beruhigen. Langsam durch die Nase einatmen, die Luft einige Sekunden halten und langsam durch den Mund ausatmen, kann dazu beitragen, die Angst zu reduzieren und Entspannung zu fördern.

Geführte Meditation: Geführte Meditation beinhaltet das Zuhören eines Anleiters, der eine Meditationssitzung leitet. Dies beinhaltet normalerweise Anweisungen zur Konzentration auf die Atmung, Muskelentspannung und Visualisierung, um den Geist zu beruhigen und Angst abzubauen.

Kreative Visualisierung: Bei dieser Technik werden beruhigende mentale Bilder erzeugt, um den Geist und den Körper zu beruhigen. Die Vorstellung von ruhigen Szenarien wie einem sonnigen Strand oder einem ruhigen Wald kann ein Gefühl des Friedens und der Entspannung vermitteln.

Achtsamkeit und bewusste Aufmerksamkeit: Im gegenwärtigen Moment ohne Bewertung präsent zu sein, ist der Kern der Achtsamkeit. Die Praxis der Achtsamkeit hilft, Angst zu reduzieren, indem sie sich bewusst auf die Empfindungen, Gedanken und Emotionen des Augenblicks konzentriert.

Biofeedback-Techniken: Diese Techniken beinhalten die Verwendung von Geräten, die Körperfunktionen wie Herzfrequenz und Muskelspannung überwachen. Echtzeit-Feedback ermöglicht es der Person, diese Funktionen zu kontrollieren und die Stressreaktion zu reduzieren.

Yoga und Dehnen: Yoga kombiniert körperliche Übungen mit Atem- und Meditationspraktiken, um körperliche und geistige Entspannung zu fördern. Regelmäßiges Yoga kann Spannungen und Ängste lindern.

Aromatherapie und sensorische Entspannung: Die Verwendung von ätherischen Ölen und sensorischen Techniken wie Massagen oder aromatischen Bädern kann eine beruhigende Wirkung auf den Körper und den Geist haben und zur Entspannung und Stressreduzierung beitragen.

Chiropraktik und Massage: Chiropraktik und therapeutische Massage können helfen, Muskelverspannungen zu lösen und die Durchblutung zu verbessern, was zu einem allgemeinen Gefühl der Entspannung und des Wohlbefindens beiträgt.

Tai Chi oder Qi Gong-Praxis: Diese Praktiken kombinieren sanfte Körperbewegungen, Atmung und geistige Konzentration. Sie sind wirksam bei der Stressreduzierung und der Verbesserung des emotionalen Gleichgewichts.

Entspannungsmusik und Naturgeräusche: Das Hören von sanfter Musik, Naturgeräuschen oder speziell für die Entspannung konzipierter Musik kann beruhigend auf den Geist wirken und dazu beitragen, Angst abzubauen.

Der Schlüssel zum Erfolg bei Entspannungstechniken ist die regelmäßige Praxis. Sie in die tägliche Routine zu integrieren, kann einen signifikanten Unterschied bei der

Stressreduzierung und der Förderung eines allgemeinen Gefühls der Ruhe und des Wohlbefindens bewirken. Es ist wichtig, verschiedene Techniken auszuprobieren und diejenigen zu entdecken, die den individuellen Bedürfnissen und Vorlieben am besten entsprechen.

Kreative Ausdrucksmöglichkeiten

Kreative Ausdrucksmöglichkeiten sind ein mächtiges Werkzeug, um mit Angst und Stress umzugehen. Sie bieten einen Ausweg für unsere Emotionen, Gedanken und inneren Erfahrungen, indem sie ihnen die Möglichkeit geben, konstruktiv nach außen getragen und verarbeitet zu werden. Lassen Sie uns erkunden, wie Kunst, Musik und Schreiben für die psychische Gesundheit therapeutisch und vorteilhaft sein können:

Kunst und Zeichnen: Kunst, sei es Malerei, Zeichnen, Bildhauerei oder andere Formen, bietet eine Möglichkeit, Emotionen auszudrücken, die schwer in Worte zu fassen sind. Farben, Formen und Texturen können Gefühle vermitteln und helfen, Angst abzubauen, indem sie einen kreativen Kanal bieten, um auszudrücken, was in uns ist.

Musik und Melodie: Musik hat die Kraft, Emotionen hervorzurufen und eine tiefe Verbindung zu unserer eigenen Psyche herzustellen. Ein Instrument zu spielen, zu singen oder einfach nur Musik zu hören, die mit uns in Resonanz steht, kann Stress abbauen und einen ruhigeren Geisteszustand schaffen.

Kreatives Schreiben: Das Schreiben ist eine effektive Methode, um Gedanken und Emotionen zu verarbeiten. Ein Tagebuch zu führen, Gedichte zu schreiben, Geschichten zu verfassen oder einfach aufzuschreiben, was wir fühlen, kann helfen, unsere Gedanken zu organisieren und emotionale Klarheit zu finden.

Tanz und Bewegung: Tanz ist eine Form des körperlichen Ausdrucks, die Spannungen und Ängste abbauen kann. Sich im Rhythmus der Musik zu bewegen, ermöglicht es der Energie zu fließen und ein Gefühl des Wohlbefindens zu fördern.

Theater und Darstellung: Die Teilnahme an Theateraktivitäten oder Darstellungen bietet die Möglichkeit, verschiedene Rollen und Emotionen zu erkunden, was dazu beitragen kann, sich selbst besser zu verstehen und Stress abzubauen.

Handwerk und DIY (Do it yourself): Sich in Handwerksprojekten, Näharbeiten, Holzarbeiten oder anderen DIY-Aktivitäten zu engagieren, kann eine greifbare Möglichkeit sein, Angst zu kanalisieren und gleichzeitig etwas Schönes zu schaffen.

Digitale Kunst: Digitale Kunst bietet eine moderne Plattform zur kreativen Entfaltung. Digitales Malen, Grafikdesign und andere Formen digitaler Kunst bieten vielfältige Möglichkeiten für künstlerischen Ausdruck.

Körperlicher Ausdruck: Körperlicher Ausdruck, einschließlich Yoga, Tai Chi und anderer körperlicher Praktiken, kann dazu beitragen, Emotionen freizusetzen und ein inneres Gefühl der Ruhe zu schaffen.

Kunsttherapie: Kunsttherapie ist eine strukturierte Methode, um Kreativität zur Erforschung von Emotionen und psychologischen Problemen zu nutzen. Sie wird häufig von einem geschulten Therapeuten geleitet, der den Prozess anleitet.

Zusammenarbeit und kreative Gruppen: Die Teilnahme an kreativen Gruppen oder gemeinschaftlichen Projekten kann die kreative Erfahrung erweitern und die Möglichkeit bieten, sich mit anderen auszutauschen und von ihnen zu lernen.

Kreative Ausdrucksmöglichkeiten sind eine gesunde und effektive Methode, um mit Angst umzugehen, da sie es ermöglichen, Emotionen auf konstruktive und bereichernde Weise zu verarbeiten. Jeder Mensch ist einzigartig, daher ist es wichtig, verschiedene Formen des kreativen Ausdrucks zu erkunden, um herauszufinden, was am besten zu einem passt.

Grenzen setzen und Nein sagen

Grenzen setzen und lernen, Nein zu sagen, sind wesentliche Aspekte der Selbstfürsorge und effektiven Stressbewältigung. Oft spüren wir sozialen oder persönlichen Druck, den Anforderungen anderer gerecht zu werden, was zu übermäßiger Verpflichtung und Erschöpfung führen kann. Lassen Sie uns dieses Thema genauer erkunden und verstehen, wie das Setzen gesunder Grenzen transformierend sein kann:

Schutz Ihres Wohlbefindens: Das Setzen von Grenzen ist eine Möglichkeit, Ihre körperliche und geistige Gesundheit zu schützen. Nein zu sagen, wenn nötig, bedeutet, Ihre eigenen Grenzen anzuerkennen und Ihre Gesundheit und Ihr Wohlbefinden nicht zu gefährden.

Respektieren Ihrer Bedürfnisse und Prioritäten: Jeder Mensch hat eigene Bedürfnisse, Prioritäten und Ziele. Das Setzen von Grenzen ermöglicht es Ihnen, Ihre Prioritäten zu respektieren und Zeit und Energie für das zu verwenden, was Ihnen wirklich wichtig ist.

Aufbau gesunder Beziehungen: Klare Grenzen zu setzen und sie respektvoll zu kommunizieren, trägt dazu bei, gesündere Beziehungen aufzubauen. Die Menschen in Ihrer Umgebung werden Ihre Erwartungen und Grenzen verstehen.

Lernen, respektvoll Nein zu sagen: "Nein" zu sagen bedeutet nicht, unhöflich zu sein, sondern klar in Bezug auf Ihre Einschränkungen und bestehenden Verpflichtungen zu sein. Es kann eine herausfordernde Fähigkeit sein, ist jedoch entscheidend, um ein gesundes Gleichgewicht zu erhalten.

Überlastung und Erschöpfung vermeiden: Wenn Sie immer allem und jedem zustimmen, können Sie überlastet werden. Dies kann zu physischer und geistiger Erschöpfung führen und Ihre Produktivität und Ihr Wohlbefinden beeinträchtigen.

Grenzen in der Arbeit setzen: Im Arbeitsumfeld ist es entscheidend, zeitliche, aufgabenbezogene und Verfügbarkeitsgrenzen zu setzen. Dies trägt dazu bei, ein ausgewogenes Berufsleben aufrechtzuerhalten und Erschöpfung zu vermeiden.

Klare und direkte Kommunikation üben: Kommunikation ist entscheidend bei der Festlegung von Grenzen. Es ist wichtig, Ihre Bedürfnisse und Erwartungen klar und ohne Zweideutigkeiten auszudrücken.

Ihre derzeitige Kapazität bewerten: Bevor Sie neue Verpflichtungen übernehmen, bewerten Sie Ihre derzeitige Kapazität, damit umzugehen. Wenn Sie überfordert sind, ist es völlig akzeptabel, Nein zu sagen oder zu verschieben.

Lernen, Ja zu sich selbst zu sagen: Anderen oft Nein zu sagen, bedeutet oft, Ja zu sich selbst zu sagen. Es ist ein Akt der Selbstfürsorge und Selbststärkung, die eigenen Bedürfnisse anzuerkennen und an erster Stelle zu setzen.

Selbstdisziplin üben: Das Setzen von Grenzen erfordert Selbstbeherrschung und die Fähigkeit, Nein zu sagen, wenn es notwendig ist, selbst wenn äußerer Druck besteht.

Sich daran erinnern, dass das Setzen von Grenzen gesund und notwendig ist: Das Verständnis, dass es wichtig ist, Grenzen zu setzen, ist entscheidend, um ein ausgewogenes und gesundes Leben aufrechtzuerhalten. Es ist ein Akt der Selbstliebe und Selbstachtung, Nein zu sagen, wenn nötig, und Ihre Energie und Ihr Wohlbefinden zu schützen.

Soziale Unterstützung suchen

Soziale Unterstützung suchen ist eine wesentliche Strategie im Umgang mit Angst und zur Förderung des emotionalen Wohlbefindens. Soziale Unterstützung kann aus verschiedenen Quellen stammen, einschließlich Freunde, Familie, Kollegen und Fachleuten für psychische Gesundheit. Lassen Sie uns im Detail erkunden, wie diese Verbindung zu anderen Menschen dazu beitragen kann, Angst zu lindern:

Reduzierung der Isolation: Das Teilen Ihrer Sorgen und Gefühle mit anderen Menschen hilft dabei, den Kreislauf der emotionalen Isolation zu durchbrechen. Sich zu isolieren kann die Angst verstärken, und ein Unterstützungssystem verringert diese Isolation.

Emotionale Unterstützung: Mit jemandem zu sprechen, der Ihre Emotionen und Sorgen versteht, kann immense Erleichterung bringen. Emotionale Unterstützung hilft dabei, Ihre Gefühle zu validieren und das Gefühl der Einsamkeit in diesem Kampf zu reduzieren.

Externe Perspektive: Freunde und Familie können wertvolle Perspektiven und Ratschläge zu der Situation bieten, die Angst verursacht. Manchmal kann eine externe Sichtweise Lösungen oder Optionen aufzeigen, die Sie nicht in Betracht gezogen haben.

Verständnis und Empathie: Das Teilen kann zu einem besseren Verständnis der Herausforderungen führen, die Sie bewältigen. Sich verstanden und validiert zu fühlen, ist entscheidend für die Linderung von Angst.

Stressabbau: Das Sprechen über Ihre Sorgen kann eine Möglichkeit sein, aufgestauten Stress abzubauen. Die Äußerung von Emotionen kann den inneren Druck reduzieren, den Angst verursachen kann.

Aufbau gesunder Beziehungen: Soziale Unterstützung zu suchen stärkt die Bindungen zu den Menschen in Ihrer Umgebung. Die Pflege gesunder Beziehungen ist entscheidend für die langfristige geistige und emotionale Gesundheit.

Professionelle Hilfe suchen: Neben der Unterstützung von Freunden und Familie kann die Inanspruchnahme professioneller Hilfe von einem Fachmann für psychische Gesundheit, wie einem Psychologen oder Therapeuten, eine spezialisierte Anleitung bieten, um Angst effektiver zu bewältigen.

Teilnahme an Selbsthilfegruppen: Selbsthilfegruppen sind großartige Optionen, um Menschen zu treffen, die ähnliche Erfahrungen machen. Das Teilen von Geschichten und Strategien kann sehr tröstlich sein.

Die Kunst des Zuhörens üben: Neben dem Teilen Ihrer Sorgen ist es wichtig, anderen aktiv zuzuhören. Gegenseitige Unterstützung kann Beziehungen stärken und ein effektives Unterstützungsnetzwerk schaffen.

Schnelle Intervention in Krisensituationen: In Krisensituationen kann soziale Unterstützung entscheidend sein, um schnell einzugreifen und angemessene Hilfe zu leisten, was sogar Leben retten kann.

Die Suche nach sozialer Unterstützung ist ein wertvoller Schritt auf dem Weg, um mit Angst umzugehen. Die Stärkung sozialer Bindungen, das Teilen von Sorgen und die Suche nach Ratschlägen von vertrauenswürdigen Personen tragen zur emotionalen Resilienz bei und verringern die Auswirkungen von Angst.

Selbstmitgefühl praktizieren

Die Praxis des Selbstmitgefühls ist ein grundlegender Ansatz zur Bewältigung von Ängsten und zur Verbesserung der mentalen Gesundheit. Lassen Sie uns im Detail erkunden, wie diese Praxis transformativ und vorteilhaft für Ihre Beziehung zu sich selbst sein kann:

Definition von Selbstmitgefühl: Selbstmitgefühl bedeutet, sich selbst in Zeiten der Schwierigkeit genauso mitfühlend, freundlich und verständnisvoll zu behandeln, wie Sie es einem geliebten Freund tun würden. Es beinhaltet die Anerkennung Ihrer eigenen Menschlichkeit, Unvollkommenheiten und Herausforderungen, ohne sich selbst hart zu beurteilen.

Akzeptanz und geteilte Menschlichkeit: Selbstmitgefühl beginnt mit der Selbstakzeptanz und der Erkenntnis, dass Sie Mensch sind und als solcher Anfälligkeiten, Fehler und Herausforderungen ausgesetzt sind. Es bedeutet zu verstehen, dass alle, ohne Ausnahme, auf Schwierigkeiten stoßen, und das ist ein Teil des menschlichen Lebens.

Selbst-Empathie und Selbstverständnis: Die Kultivierung von Selbstmitgefühl beinhaltet die Entwicklung einer inneren Stimme, die sanft und ermutigend mit Ihnen spricht, anstatt sich selbst hart zu kritisieren. Es geht darum, sich so zu behandeln, wie Sie es mit jemandem tun, den Sie lieben und für den Sie tief empfinden.

Emotionale Widerstandsfähigkeit: Die regelmäßige Praxis von Selbstmitgefühl stärkt Ihre emotionale Widerstandsfähigkeit. Anstatt sich von Selbstkritik Energie entziehen zu lassen, lernen Sie, nach Herausforderungen aufzustehen, aus ihnen zu lernen und daran zu wachsen.

Verringerung der Angst: Durch eine mitfühlende Haltung gegenüber sich selbst reduzieren Sie die Ängste, die mit der Furcht vor Unzulänglichkeit oder Fehlern verbunden sind. Selbstmitgefühl beruhigt den Geist und mindert den inneren Druck.

Bekämpfung der Scham: Selbstmitgefühl ist ein mächtiges Werkzeug, um Scham und Selbstkritik zu bekämpfen. Anstatt sich über Ihre Unvollkommenheiten zu schämen, akzeptieren Sie sich selbst mit Liebe und Verständnis.

Kultivierung von Dankbarkeit und Akzeptanz: Die Praxis des Selbstmitgefühls ist mit Dankbarkeit für Ihr eigenes Selbst verbunden, mit all Ihren Eigenschaften und Erfahrungen. Dies führt zu einer tiefen Selbstakzeptanz, die wiederum zu einem ruhigeren Geist beiträgt.

Selbstmitgefühls-Techniken: Selbstmitgefühl kann durch verschiedene Techniken geübt werden, wie beispielsweise liebevolle Güte-Meditation, bei der Sie Liebe und Glück für sich selbst und andere wünschen, das Schreiben von sanften Briefen an sich selbst oder einfach nur die innere Erzählung in eine von Fürsorge und Mitgefühl ändern.

Integration ins tägliche Leben: Neben spezifischen Praktiken kann Selbstmitgefühl zu einer Lebensphilosophie werden. Dies bedeutet, Freundlichkeit in alle Bereiche Ihres Lebens zu bringen, sei es bei der Arbeit, in Beziehungen oder in Ihren alltäglichen Aktivitäten.

Selbstfürsorge: Selbstmitgefühl spiegelt sich auch in der Selbstfürsorge wider. Sie behandeln sich gut, setzen gesunde Grenzen und erlauben sich, auszuruhen und sich zu erholen.

Selbstmitgefühl ist eine mächtige Fähigkeit, die entwickelt und kultiviert werden kann. Durch die Praxis von Freundlichkeit und Mitgefühl gegenüber sich selbst stärken Sie Ihre emotionale Widerstandsfähigkeit, reduzieren Angst und schaffen eine gesündere Grundlage, um mit den Herausforderungen des Lebens umzugehen.

Stressbewertung und Bewältigungsstrategien

Die Bewertung von Stress und die Entwicklung effektiver Bewältigungsstrategien sind wertvolle Fähigkeiten zur Bewältigung von Ängsten und zur Förderung des emotionalen Wohlbefindens. Lassen Sie uns im Detail erkunden, wie Sie Stress identifizieren und auf adaptive Weise bewältigen können:

Identifizierung von Stressquellen: Der erste Schritt besteht darin, die Stressquellen in Ihrem Leben zu erkennen und zu identifizieren. Dazu gehören berufliche Herausforderungen, Beziehungsprobleme, finanzielle Fragen und vieles mehr. Das Bewusstsein für diese Quellen ist entscheidend, um Stress effektiv zu bewältigen.

Bewertung der Auswirkungen von Stress: Verstehen Sie, wie Stress Sie körperlich, emotional und mental beeinflusst. Stress kann sich auf verschiedene Arten manifestieren, wie Schlaflosigkeit, Reizbarkeit, Angstzustände, Kopfschmerzen und mehr. Bewerten Sie, wie Stress Ihre Lebensqualität beeinträchtigt.

Folgen von nicht bewältigtem Stress: Erkennen Sie die Konsequenzen, wenn Sie Stress nicht effektiv bewältigen. Dazu können eine Verschlechterung der körperlichen Gesundheit, Beeinträchtigung persönlicher Beziehungen, schlechte Leistung bei der Arbeit oder im Studium und mehr gehören.

Selbstkenntnis und Selbstfürsorge: Lernen Sie sich selbst, Ihre Grenzen und Bedürfnisse kennen. Üben Sie regelmäßig Selbstfürsorge, indem Sie Zeit für Aktivitäten widmen, die Sie erfrischen und Freude bereiten. Dazu gehören Bewegung, Hobbys, Meditation und mehr.

Entwicklung von Bewältigungsstrategien: Lernen und entwickeln Sie effektive Bewältigungsstrategien. Dazu gehören Entspannungstechniken, körperliche Übungen, Meditation, Therapie oder das Gespräch mit einem Freund oder einem Fachmann für psychische Gesundheit. Jeder Mensch kann unterschiedlich reagieren, daher ist es wichtig, auszuprobieren und herauszufinden, was für Sie funktioniert.

Planung und Organisation: Planen Sie Ihre Aktivitäten und Verpflichtungen. Organisation kann den mit dem Gefühl der Überlastung verbundenen Stress reduzieren. Setzen Sie realistische Ziele und erstellen Sie einen Plan, um diese zu erreichen.

Inanspruchnahme professioneller Hilfe: Zögern Sie nicht, die Hilfe eines Fachmanns für psychische Gesundheit, wie eines Psychologen oder Therapeuten, in Anspruch zu nehmen. Sie können eine spezialisierte Anleitung und maßgeschneiderte Strategien zur Stressbewältigung bieten.

Regelmäßige Entspannungspraxis: Übernehmen Sie regelmäßig Entspannungspraktiken wie Atemtechniken, Yoga oder Progressive Muskelentspannung. Diese

Praktiken können helfen, die physische und mentale Anspannung, die mit Stress einhergeht, zu lindern.

Fortlaufende Bewertung und Anpassungen: Bewerten Sie regelmäßig die Wirksamkeit Ihrer Bewältigungsstrategien. Wenn etwas nicht funktioniert, passen Sie Ihre Herangehensweise an und probieren Sie neue Strategien aus, um herauszufinden, was am besten zu Ihnen passt.

Die bewusste Bewertung von Stress und die Umsetzung effektiver Bewältigungsstrategien sind wesentliche Schritte, um Ängsten auf adaptive Weise zu begegnen. Die Entwicklung emotionaler Widerstandsfähigkeit und das Wissen darüber, wie man die Herausforderungen des Lebens bewältigen kann, können die Lebensqualität und das Wohlbefinden erheblich verbessern.

Aufsuchen von Fachleuten für psychische Gesundheit

Wenn wir mit schwerer oder anhaltender Angst konfrontiert sind, ist es entscheidend, Hilfe von Fachleuten für psychische Gesundheit zur spezialisierten Beratung und angemessenen Behandlung zu suchen. Hier finden Sie Details zur Bedeutung und zum Prozess der Inanspruchnahme professioneller Unterstützung zur Bewältigung von Angst:

Bedeutung der Suche nach professioneller Hilfe: Angst kann sich auf vielfältige Weisen und in unterschiedlicher Intensität manifestieren, und in einigen Fällen kann es schwierig sein, sie alleine zu bewältigen. Fachleute für psychische Gesundheit verfügen über die erforderliche Schulung und Erfahrung, um Angststörungen effektiv zu bewerten, zu diagnostizieren und zu behandeln.

Arten von Fachleuten für psychische Gesundheit: Es gibt verschiedene Arten von Fachleuten für psychische Gesundheit, die bei der Behandlung von Angst helfen können, einschließlich Psychologen, Psychiatern, Ergotherapeuten, klinischen Sozialarbeitern und anderen. Jeder hat einen spezifischen Ansatz und kann je nach Situation und individuellen Bedürfnissen empfohlen werden.

Die Rolle des Psychologen: Psychologen sind Experten in der Beurteilung und Behandlung von psychischen Problemen, einschließlich Angst. Sie verwenden therapeutische Techniken wie die kognitive Verhaltenstherapie, um Individuen dabei zu helfen, dysfunktionale Denkmuster zu erkennen und zu verändern, die zur Angst beitragen.

Die Rolle des Psychiaters: Psychiater sind Ärzte, die auf die Diagnose, Behandlung und Prävention von psychischen Störungen, einschließlich Angst, spezialisiert sind. Sie können bei Bedarf Medikamente verschreiben und diese mit Therapie für eine umfassende Behandlung kombinieren.

Verfahren zur Suche nach Hilfe: Beginnen Sie damit, Fachleute für psychische Gesundheit in Ihrer Region zu recherchieren und zu identifizieren. Sie können Empfehlungen von Ärzten, Freunden oder Familienmitgliedern einholen. Stellen Sie sicher, dass der Fachmann lizenziert ist und Erfahrung in der Behandlung von Angst hat.

Vereinbarung eines Termins: Kontaktieren Sie den ausgewählten Fachmann, um einen Termin zu vereinbaren. Im ersten Gespräch werden Sie über Ihre Symptome, Ihre medizinische Vorgeschichte und eventuelle Anliegen sprechen. Dieses Erstgespräch ermöglicht es dem Fachmann, Ihre Situation zu verstehen und einen Behandlungsplan vorzuschlagen.

Bewertung und Diagnose: Während des Gesprächs wird der Fachmann für psychische Gesundheit eine gründliche Bewertung durchführen, um den Typ und die Schwere der Angst zu diagnostizieren. Die Diagnose ist entscheidend für die Entwicklung eines effektiven Behandlungsplans.

Persönlicher Behandlungsplan: Nach der Bewertung wird der Fachmann für psychische Gesundheit einen individuellen Behandlungsplan erstellen, der Therapie, Medikamente, Bewältigungsstrategien und Änderungen im Lebensstil umfassen kann.

Fortlaufende Begleitung und Anpassungen: Es ist entscheidend, den vorgeschlagenen Behandlungsplan zu befolgen und zu den geplanten Folgeterminen zu gehen. Bei Bedarf kann der Plan entsprechend dem Fortschritt oder den sich ändernden Bedürfnissen angepasst werden.

Aktive Teilnahme an der Behandlung: Es ist entscheidend, sich aktiv an der Behandlung zu beteiligen, Informationen über Ihren Fortschritt, Anliegen und wahrgenommene Veränderungen zu teilen. Dies hilft dem Fachmann, die Behandlung bei Bedarf anzupassen.

Die Inanspruchnahme professioneller Hilfe für psychische Gesundheit ist ein entscheidender Schritt im Umgang mit Angst. Sie werden Anleitung, Unterstützung und die notwendigen Werkzeuge erhalten, um die mit Angst verbundenen Herausforderungen zu bewältigen und Ihre Lebensqualität zu verbessern.

6
AUSWIRKUNGEN AUF DIE KÖRPERLICHE GESUNDHEIT

Der Körper spricht die Sprache der Angst; hören Sie zu und kümmern Sie sich, denn wir sind ständig im Prozess der Restaurierung von Kunstwerken.

Angst, diese emotionale und physiologische Reaktion, die wir alle irgendwann in unserem Leben erleben, ist eine kraftvolle und vielschichtige Kraft. Sie ist eine Reaktion unseres Körpers auf Stress, ein uralter Mechanismus, der uns darauf vorbereitet, wahrgenommene Bedrohungen zu bewältigen, indem er unsere Energie und unseren Fokus mobilisiert, um Herausforderungen zu meistern. Wenn diese Reaktion jedoch chronisch, außer Kontrolle und unverhältnismäßig zu realen Situationen wird, hört sie auf, unser Verbündeter zu sein, und wird zu einer ständigen Quelle von Angst und Unruhe.

In diesem Kapitel tauchen wir in die Welt der Auswirkungen ein, die Angst auf unsere körperliche Gesundheit haben kann. Es ist nicht nur eine Belastung für unseren Geist; es ist eine Last, die unser Körper ebenfalls trägt. Angst beschränkt sich nicht nur darauf, eine Kampf- oder Fluchtreaktion auszulösen; sie beeinflusst unser Nervensystem, unsere Muskulatur, unsere Schlafmuster und letztendlich unsere gesamte körperliche Gesundheit.

Wir werden die Auswirkungen dieser anhaltenden Angst erkunden, wie sich physische Schmerzen, anhaltende Muskelspannung und Schlafstörungen manifestieren. Wir werden verstehen, wie diese Stressreaktion unsere Organe, unser Immunsystem und unser allgemeines körperliches Wohlbefinden beeinflusst. Darüber hinaus werden wir Strategien und Ansätze zur Linderung dieser schädlichen Auswirkungen auf die körperliche Gesundheit diskutieren, um Wege zur Entlastung der Belastung aufzuzeigen, die die Angst auf unseren Körper ausübt.

Wenn wir uns auf diese Tauchfahrt in die physischen Auswirkungen der Angst vorbereiten, ist es entscheidend, daran zu erinnern, dass Körper und Geist untrennbar miteinander verbunden sind. Was einen betrifft, betrifft auch den anderen. Indem wir die Auswirkungen von Angst auf die körperliche Gesundheit ansprechen, sprechen wir indirekt über deren Auswirkungen auf die geistige Gesundheit und umgekehrt. Es ist ein komplexer und lebenswichtiger Tanz, den wir verstehen müssen, um unsere Lebensqualität zu verbessern und ganzheitliche Gesundheit und Gleichgewicht zu fördern.

AUSWIRKUNGEN DER ANGST AUF UNSEREN KÖRPER

Wenn wir uns in einem Zustand der Angst befinden, reagiert unser Körper, als wären wir in Gefahr, und aktiviert eine Stressreaktion, die als "Kampf oder Flucht" bekannt ist. Diese Reaktion löst eine Vielzahl von physiologischen Reaktionen aus, die sich auf vielfältige und oft belastende Weisen manifestieren:

Körperliche Schmerzen

Angst kann sich in auffälligen körperlichen Manifestationen äußern, und eine der häufigsten Formen ist in Form von Schmerzen in verschiedenen Körperteilen. Diese Schmerzen können in Intensität und Lokalisation variieren und werden häufig durch die muskuläre Anspannung verursacht, die aufgrund der Angst entsteht. Lassen Sie uns mehr Details zu diesem Phänomen erkunden:

Häufige Lokalisationen körperlicher Schmerzen: Angst kann sich in Form von körperlichen Schmerzen an verschiedenen Körperstellen manifestieren, einschließlich des Kopfes, des Nackens, der Schultern, des Rückens und des Magens. Die am stärksten betroffenen Bereiche sind in der Regel diejenigen, in denen sich aufgrund von anhaltendem Stress und anhaltender Angst Muskelverspannungen aufbauen.

Muskuläre Spannung und Schmerzen: Muskuläre Verspannungen als körperliche Reaktion auf Stress und Angst sind ein Mechanismus zur Verteidigung des Körpers. Chronische Anspannung kann jedoch zu Kopfschmerzen, Migräne, Rückenschmerzen und Bauchbeschwerden führen, um nur einige Symptome zu nennen.

Schmerz-Angst-Zyklus: Ein schädlicher Zyklus kann entstehen, wenn die körperlichen Schmerzen, die durch Angst verursacht werden, zu mehr Angst führen, wodurch ein Zyklus entsteht, in dem Schmerz mehr Angst erzeugt und umgekehrt. Dieser Zyklus kann ohne angemessene Intervention schwer zu durchbrechen sein.

Körper-Geist-Verbindung: Körper und Geist sind tief miteinander verbunden. Emotionale Belastungen und Ängste können sich aufgrund der Freisetzung von Stresshormonen und muskulärer Anspannung körperlich manifestieren. Gleichzeitig kann körperliches Unwohlsein unsere geistige Gesundheit und emotionales Wohlbefinden beeinflussen.

Reaktion des Nervensystems: Angst aktiviert das sympathische Nervensystem und löst körperliche Reaktionen für den Kampf oder die Flucht aus. Dies kann zu einem beschleunigten Herzschlag, schneller Atmung und Muskelverspannungen führen, was zu Schmerzen und Unbehagen beiträgt.

Linderungsstrategien: Um den Schmerz-Angst-Zyklus zu unterbrechen, ist es entscheidend, Strategien zu ergreifen, die sowohl die körperlichen Schmerzen als auch die Angst lindern. Dazu gehören körperliche Therapien wie therapeutische Massagen und Entspannungstechniken wie Meditation und Tiefenatmung.

Gesundheitsfachkraft: Wenn die körperlichen Schmerzen anhalten oder sich verschlimmern, ist es wichtig, Rat von einem Gesundheitsfachmann einzuholen. Sie können bei der Bewertung und Bereitstellung spezifischer Behandlungen zur Schmerzlinderung und Bewältigung der zugrunde liegenden Angst helfen.

Körperliche Schmerzen können chronisch werden, wenn die Angst anhält, was zu einem Zyklus führt, in dem Schmerzen mehr Angst erzeugen und umgekehrt. Das Verständnis der Beziehung zwischen Angst und körperlichen Schmerzen ist entscheidend, um effektive Bewältigungsstrategien zu entwickeln, die sowohl die emotionalen als auch die physischen Aspekte des Wohlbefindens berücksichtigen. Eine integrierte Behandlung, die die Wechselwirkung von Körper und Geist berücksichtigt, ist oft am effektivsten, um mit diesen komplexen Verbindungen umzugehen.

Schlafstörungen

Die Beziehung zwischen Angst und Schlafstörungen ist komplex und kann einen Teufelskreis schaffen, der die

Schlafqualität und die Angst erheblich beeinflusst. Lassen Sie uns dieses Thema vertiefen:

Häufige Schlafstörungen im Zusammenhang mit Angst: Angst kann verschiedene Schlafstörungen verursachen, einschließlich Schlaflosigkeit, Schwierigkeiten beim Einschlafen, Durchschlafprobleme und häufige Albträume. Diese Störungen resultieren aus der Unfähigkeit, den Geist aufgrund anhaltender Angst vor dem Schlafengehen zu beruhigen.

Negativer Kreislauf zwischen Angst und Schlaf: Angst kann Schlafstörungen auslösen, und Schlafmangel kann die Angst verschlimmern. Dies ist ein negativer Kreislauf, in dem die Angst den Schlaf beeinträchtigt und Schlafentzug die Angst verstärkt, was einen schädlichen Kreislauf schafft.

Unruhiger Geist und nächtliche Unruhe: Der ruhelose und besorgte Geist, der bei Menschen mit Angstzuständen häufig vorkommt, kann verhindern, dass der Körper und der Geist sich ausreichend beruhigen, um einen erholsamen Schlaf zu finden. Unablässige Gedanken und Sorgen können Menschen wach halten oder den Schlaf in der Nacht unterbrechen.

Auswirkungen von Schlafmangel auf die Angst: Schlafmangel beeinträchtigt unsere Fähigkeit, mit Stress umzugehen und unsere Emotionen zu regulieren. Dies verstärkt die Symptome der Angst und erschwert die Bewältigung alltäglicher Situationen.

Erholsamer Schlaf und psychische Gesundheit: Erholsamer Schlaf ist entscheidend für die psychische Gesundheit. Während des Schlafs verarbeitet das Gehirn Emotionen und Ereignisse des Tages, konsolidiert Erinnerungen und lädt den Geist für den nächsten Tag auf. Schlafentzug kann diese grundlegenden Funktionen beeinträchtigen.

Strategien zur Verbesserung des Schlafs: Das Einhalten einer konsistenten Schlafenszeit, die Schaffung einer schlaffreundlichen Umgebung, das Vermeiden von Koffein und elektronischen Geräten vor dem Schlafengehen und das Üben von Entspannungstechniken können dazu beitragen, die Schlafqualität zu verbessern und folglich die damit verbundene Angst zu reduzieren.

Professionelle Intervention: Wenn Schlafstörungen anhalten und die Lebensqualität erheblich beeinträchtigen, ist es entscheidend, die Hilfe eines Fachmanns für psychische Gesundheit in Anspruch zu nehmen. Sie können die Schlafprobleme beurteilen und spezifische Behandlungen zur Verbesserung des Schlafs und zur Bewältigung der zugrunde liegenden Angst anbieten.

Das Verständnis der physischen Auswirkungen von Angst ist ein wesentlicher Bestandteil dessen, was diesen Zustand so lähmend macht. Das Verständnis, wie Angst den Körper beeinflusst, ist entscheidend, um wirksame Bewältigungsstrategien zu entwickeln, die nicht nur auf den Geist, sondern auch auf die körperliche Gesundheit abzielen und ein umfassendes Gleichgewicht für unser Wohlbefinden fördern.

LANGZEITWIRKUNGEN VON ANGST AUF UNSERE KÖRPERLICHE GESUNDHEIT

Angst, wenn sie chronisch und nicht angemessen bewältigt wird, kann langanhaltende und signifikante Auswirkungen auf unsere körperliche Gesundheit haben. Diese Langzeitwirkungen äußern sich auf vielfältige Weisen und betreffen verschiedene Systeme und Organe unseres Körpers:

Herzkreislaufsystem

Chronische Angst kann zusätzlichen Druck auf das Herzkreislaufsystem ausüben und das Risiko von Herzerkrankungen erhöhen. Die fortwährende Exposition gegenüber hohen Stresshormonen wie Cortisol und Adrenalin kann zu einem erhöhten Herzschlag, hohem Blutdruck und anderen kardiovaskulären Risikofaktoren führen. Im Laufe der Zeit kann dies zur Entwicklung von Herzerkrankungen wie Hypertonie, Arrhythmien und koronarer Herzkrankheit beitragen.

Immunsystem

Chronische Angst kann das Immunsystem beeinträchtigen und uns anfälliger für Infektionen und Krankheiten machen. Lang anhaltender Stress kann die

Immunfunktion unterdrücken und die Effizienz unserer natürlichen Abwehrmechanismen gegenüber Krankheitserregern verringern. Dies kann zu vermehrten Infektionen, Erkältungen und anderen Krankheiten führen und die Lebensqualität und das Wohlbefinden beeinträchtigen.

Atmungssystem

Angst kann das Atmungssystem beeinflussen und zu Symptomen wie schnellem Atmen, Atemnot und dem Gefühl, erstickt zu werden, führen. Langfristig kann diese unzureichende Atmung zur Entwicklung von chronischen Atemwegserkrankungen wie Hyperventilationssyndrom beitragen. Angst kann auch bestehende Atemwegserkrankungen wie Asthma und chronisch obstruktive Lungenerkrankung (COPD) verschlimmern.

Verdauungssystem

Chronische Angst kann das Verdauungssystem stark belasten und zu Problemen wie dem Reizdarmsyndrom (RDS), Magengeschwüren, Sodbrennen und anderen Magen-Darm-Störungen führen. Anhaltender Stress kann die Beweglichkeit des Magen-Darm-Trakts beeinflussen und Bauchbeschwerden, Durchfall, Verstopfung und Schmerzen verursachen.

Bewegungsapparat

Chronische Muskelspannung aufgrund von Angst kann zu langfristigen muskuloskelettalen Problemen führen. Anhaltende Spannung kann Muskelschmerzen,

Steifheit und Gelenkverschleiß verursachen, die die Mobilität und Lebensqualität beeinträchtigen.

Zentralnervensystem

Chronische Angst kann die Struktur und Funktion des Gehirns im Laufe der Zeit verändern. Studien deuten darauf hin, dass Bereiche des Gehirns, die in der Verarbeitung von Emotionen und Stressreaktionen involviert sind, negativ von anhaltender Angst beeinflusst werden können. Diese Veränderungen können mit einem erhöhten Risiko für neurologische und psychiatrische Störungen in Verbindung stehen.

Das Verständnis dieser Langzeitwirkungen von Angst auf die körperliche Gesundheit ist entscheidend, um die Bedeutung eines ganzheitlichen Ansatzes zur Bewältigung von Angst zu erkennen. Effektive Bewältigungsstrategien zielen nicht nur darauf ab, akute Symptome zu lindern, sondern auch auf den Schutz und die Förderung der langfristigen körperlichen Gesundheit.

STRATEGIEN ZUR LINDERUNG DER KÖRPERLICHEN AUSWIRKUNGEN VON ANGST

Angst kann einen erheblichen Druck auf unseren Körper ausüben und zu verschiedenen unerwünschten körperlichen Auswirkungen führen. Es gibt jedoch effektive Strategien, die implementiert werden können, um diese negativen Auswirkungen auf unser körperliches

Wohlbefinden zu lindern und zu reduzieren. Hier sind effektive Ansätze zur Linderung der körperlichen Auswirkungen von Angst:

Körperliche Bewegung

Regelmäßige körperliche Aktivität ist ein mächtiges Werkzeug zur Linderung der körperlichen Auswirkungen von Angst. Sie trägt dazu bei, Endorphine freizusetzen, die Neurotransmitter des Wohlbefindens, Muskelverspannungen zu reduzieren, den Schlaf zu verbessern und Stress abzubauen. Jede Form von körperlicher Aktivität, sei es Gehen, Laufen, Yoga oder Schwimmen, kann vorteilhaft sein.

Entspannungstechniken

Die Integration von Entspannungstechniken in die tägliche Routine, wie Meditation, Tiefenatmung, progressive Muskelentspannung und Biofeedback, kann Muskelverspannungen reduzieren und das Nervensystem beruhigen. Diese Techniken helfen, die Stressreaktion zu verringern und ein Gefühl der Ruhe und Gelassenheit zu fördern.

Gesunde Ernährung

Eine ausgewogene und gesunde Ernährung kann sich positiv auf die Angst und die damit verbundenen körperlichen Auswirkungen auswirken. Das Vermeiden von übermäßigem Koffein, Zucker und verarbeiteten Lebensmitteln kann dazu beitragen, die Stimmung und die Energie zu stabilisieren und abrupte Schwankungen zu reduzieren. Die Wahl von nährstoffreichen Lebensmitteln wie Obst, Gemüse, Vollkornprodukten und magerem Eiweiß kann die körperliche und emotionale Gesundheit unterstützen.

Ausreichender Schlaf

Die Sicherstellung einer ausreichenden Menge an qualitativ hochwertigem Schlaf ist entscheidend, um den Auswirkungen von Angst auf den Schlaf entgegenzuwirken. Regelmäßige Schlafhygienepraktiken, wie die Beibehaltung eines konsistenten Schlafzeitplans, die Schaffung einer schlaffördernden Umgebung und die Begrenzung der Exposition gegenüber elektronischen Geräten vor dem Schlafengehen, können die Schlafqualität verbessern und somit die mit Angst verbundenen körperlichen Symptome reduzieren.

Freizeit- und Erholungsaktivitäten

Die Teilnahme an Freizeit- und Erholungsaktivitäten, die Freude und Entspannung bringen, wie Hobbys, Lesen, Kunst, Musik oder Zeit im Freien, kann dazu beitragen, Angst und deren körperliche Auswirkungen zu reduzieren. Diese Aktivitäten bieten eine Pause vom täglichen Stress und ermöglichen Momente der Entspannung und Regeneration.

Ergotherapie

Ergotherapie oder Physiotherapie kann dazu beitragen, die körperlichen Auswirkungen von Angst, insbesondere Muskelverspannungen, zu lindern. Fachleute können spezifische Dehnungs- und Entspannungsübungen sowie Techniken zur Verbesserung von Haltung und Mobilität unterrichten, um Schmerzen und Beschwerden zu reduzieren.

Psychotherapie

Kognitive Verhaltenstherapie (KVT) und andere therapeutische Ansätze können dazu beitragen, Angst zu bewältigen und ihre körperlichen Auswirkungen zu reduzieren. Diese Therapien helfen dabei, negative Denkmuster zu identifizieren und Fähigkeiten zur besseren Bewältigung von Stress zu entwickeln.

Ärztliche Aufsicht

In schwerwiegenderen Fällen von Angst mit signifikanten körperlichen Auswirkungen ist die Aufsicht eines Gesundheitsfachmanns wie eines Arztes oder Psychiaters von entscheidender Bedeutung. Sie können Medikamente oder andere geeignete Interventionen empfehlen, um die physischen und emotionalen Symptome zu lindern.

In diesem Kapitel haben wir ausführlich untersucht, wie sich Angst auf unseren physischen Körper auswirkt. Angst ist nicht nur ein mentales Phänomen, sondern zeigt sich in unserem Körper auf komplexe und oft lähmende Weise. Von körperlichen Schmerzen bis hin zu Schlafstörungen haben wir gesehen, wie Angst unsere physische Gesundheit tiefgreifend beeinflussen kann. Das Verständnis dieser Auswirkungen ist entscheidend, um Strategien zur Linderung der Auswirkungen von Angst auf unsere körperliche Gesundheit zu entwickeln.

Das Anwenden von Strategien zur Linderung der körperlichen Auswirkungen von Angst als Teil eines umfassenden Ansatzes zur Bewältigung kann sich positiv auf unsere körperliche und emotionale Gesundheit auswirken. Beachten Sie, dass jeder Mensch einzigartig ist, daher ist es wichtig, diese Strategien entsprechend Ihren Bedürfnissen und Vorlieben auszuprobieren und anzupassen. Der Schlüssel liegt darin, ein Gleichgewicht zu finden, das ein gesünderes und glücklicheres Leben fördert. Im nächsten Kapitel werden wir verstehen, dass Angst oft ein Teufelskreis ist, bei dem die Symptome sich gegenseitig verstärken und einen negativen Verlauf fortsetzen. Durch das Verständnis dieser Dynamik können wir beginnen, diesen Kreis zu durchbrechen und Wege zur Unterbrechung seines negativen Verlaufs zu finden.

7

DER TEUFELSKREIS DER ANGST

Bricht die Ketten des Teufelskreises, entdeckt eure Freiheit und atmet die Luft der Gelassenheit.

Angst ist eine mächtige Kraft, die sich in unserem Leben festsetzen kann und einen Teufelskreis schafft, der unüberwindbar zu sein scheint. Es ist eine komplexe Erfahrung, die oft durch auslösende Situationen beginnt, die eine intensive emotionale Reaktion auslösen. Aber was danach geschieht, ist eine komplexe Verflechtung von physiologischen, Verhaltens- und emotionalen Reaktionen, die eine Abwärtsspirale erzeugen und jeden Aspekt unseres Seins beeinflussen.

In diesem Kapitel tauchen wir tief in das Herz dieses Teufelskreises ein. Wir werden seine Schichten enthüllen, seine Mechanismen verstehen und vor allem lernen, ihn zu durchbrechen. Das Verständnis des sich selbst verstärkenden Kreislaufs der Angst ermöglicht es uns, gezielte und spezifische Strategien zu entwickeln, um ihn zu unterbrechen und eine vollständige Genesung zu fördern.

VERSTÄNDNIS DES SICH SELBST VERSTÄRKEN DEN KREISLAUFS DER ANGST

Angst ist kein isoliertes Ereignis; es handelt sich um einen komplexen und interaktiven Prozess, der sich zu einem sich selbst verstärkenden Kreislauf entwickeln kann. Ein tiefes Verständnis dieses Kreislaufs ist entscheidend, um zu verstehen, wie die Angst über die Zeit hinweg fortbesteht und sogar zunimmt. Lassen Sie uns die Mechanismen des Teufelskreises der Angst im Detail untersuchen.

Anfängliche Auslöser: Der Start des Kreislaufs

Der Kreislauf der Angst beginnt mit den anfänglichen Auslösern, das sind Situationen, Ereignisse oder Reize, die die Kette von Reaktionen auslösen, die letztendlich in das Erleben von Angst führen. Lassen Sie uns dieses entscheidende Stadium des Angstkreislaufs genauer betrachten:

Art der Auslöser: Die Auslöser können vielfältig sein, darunter Stress am Arbeitsplatz, vergangene traumatische Ereignisse, Unsicherheit über die Zukunft, spezifische Ängste (wie Flugangst, Angst vor Spinnen oder engen Räumen) oder sogar eine Reaktion auf eine bestimmte Umgebung, wie große Menschenmengen oder offene Räume.

Individualität der Auslöser: Jeder Mensch hat seine eigenen Sensibilitäten und einzigartigen Auslöser, die die Angst auslösen. Was für eine Person ein Auslöser sein kann, beeinflusst eine andere möglicherweise nicht auf dieselbe Weise. Diese Individualität resultiert aus Lebenserfahrungen, Persönlichkeit, persönlicher Geschichte und anderen Faktoren, die die Wahrnehmung und Reaktion jedes Individuums formen.

Vielfalt der Auslöser: Die Auslöser können in Bezug auf Intensität und Häufigkeit variieren. Einige Auslöser können gelegentlich auftreten, während andere anhaltend sind. Sie können unerwartet auftreten oder vorhersehbar sein. Die breite Palette an Auslösern macht eine individualisierte Herangehensweise im Umgang mit Angst unerlässlich.

Reaktionen auf die Auslöser: Reaktionen auf Auslöser können eine unmittelbare emotionale Reaktion wie Angst, Angst, Panik, Traurigkeit oder Wut beinhalten. Diese emotionalen Reaktionen lösen oft eine Reihe von physischen, kognitiven und Verhaltensreaktionen aus, die den Angstkreislauf auslösen.

Verbindung zu früheren Erfahrungen: Vergangene Traumata, negative Erfahrungen oder sogar positive Erfahrungen können die Empfindlichkeit gegenüber Auslösern formen. Die Assoziation einer aktuellen Situation mit früheren Erfahrungen kann die Reaktion auf Angst intensivieren und eine Verbindung zwischen Vergangenheit und Gegenwart herstellen.

Identifikation und Bewältigung: Die Identifizierung der Auslöser ist ein entscheidender Schritt im Umgang mit Angst. Dies ermöglicht die Entwicklung angemessener Bewältigungsstrategien, um diese Situationen auf gesunde und konstruktive Weise zu bewältigen und somit den Teufelskreis der Angst zu durchbrechen.

Das Verstehen der Natur und Individualität der anfänglichen Auslöser ist entscheidend, um wirksame Bewältigungsstrategien zu entwickeln und den Kreislauf der Angst zu unterbrechen. Indem Menschen erkennen und verstehen, was Angst auslöst, können sie an der Prävention und effektiven Bewältigung dieser Situationen arbeiten, um ihre Lebensqualität und emotionales Wohlbefinden zu verbessern.

Reaktion "Kampf oder Flucht": Aktivierung des Körpers

Die "Kampf oder Flucht"-Reaktion ist eine automatische und instinktive Reaktion auf wahrgenommene Bedrohungen. In der Angst wird diese Reaktion durch das autonome Nervensystem ausgelöst und führt zu einer Vielzahl von körperlichen und hormonellen Veränderungen. Lassen Sie uns ein besseres Verständnis dieser grundlegenden Reaktion im Angstzyklus vertiefen:

Natur der "Kampf oder Flucht"-Reaktion: Die "Kampf oder Flucht"-Reaktion ist eine primitive Reaktion, die den Körper darauf vorbereitet, mit einer wahrgenommenen Bedrohung umzugehen oder von ihr zu fliehen. Selbst in modernen Situationen bleibt diese

Reaktion bestehen und kann durch als gefährlich oder stressig wahrgenommene Reize ausgelöst werden.

Autonomes Nervensystem: Das autonome Nervensystem, bestehend aus dem sympathischen und parasympathischen Nervensystem, spielt eine zentrale Rolle in der "Kampf oder Flucht"-Reaktion. Wenn es aktiviert wird, bereitet es den Körper auf sofortige Maßnahmen vor.

Freisetzung von Stresshormonen: Die Aktivierung der "Kampf oder Flucht"-Reaktion führt zur Freisetzung von Stresshormonen wie Adrenalin und Cortisol in den Blutkreislauf. Diese Hormone bereiten den Körper auf eine effektive Reaktion auf die wahrgenommene Bedrohung vor.

Adrenalin: Adrenalin ist ein Hormon, das den Körper auf unmittelbare Aktion vorbereitet. Es erhöht die Herzfrequenz, erhöht den Blutdruck, erweitert die Atemwege, erhöht die verfügbare Energie und schärft die Sinne. Diese körperlichen Veränderungen bereiten den Körper darauf vor, schnell zu reagieren.

Cortisol: Cortisol ist ein weiteres Hormon, das während der "Kampf oder Flucht"-Reaktion freigesetzt wird. Es erhöht den Blutzuckerspiegel, um den Muskeln und dem Gehirn schnelle Energie zuzuführen. Cortisol unterdrückt auch nicht notwendige Funktionen in Stresssituationen, wie die Verdauung.

Vorbereitende körperliche Reaktionen: Neben der Freisetzung von Hormonen reagiert der Körper mit sofortigen physischen Veränderungen, darunter Pupillenerweiterung, erhöhte Herzfrequenz, flaches und schnelles Atmen, verstärktes Schwitzen und Muskelanspannung. Diese Reaktionen bereiten den Körper auf Maßnahmen vor, sei es um gegen die Bedrohung zu kämpfen oder vor ihr zu fliehen.

Evolutionärer Zweck: Die "Kampf oder Flucht"-Reaktion spielte eine entscheidende Rolle im Überleben der menschlichen Vorfahren und ermöglichte schnelle Reaktionen auf Raubtiere oder gefährliche Situationen. Obwohl unser modernes Leben unterschiedliche Herausforderungen bietet, wird diese Reaktion weiterhin in Stress- und Angstsituationen aktiviert.

Das Verständnis der Körperaktivierung während der "Kampf oder Flucht"-Reaktion in der Angst ist entscheidend, um den Angstzyklus effektiv anzugehen. Stress- und Angstbewältigungsstrategien können darauf abzielen, diese Reaktion zu regulieren und ein Gleichgewicht zwischen Stressreaktion und emotionalem Wohlbefinden zu fördern.

Physische und emotionale Manifestationen: Ängstliche Empfindungen

Wenn die "Kampf oder Flucht"-Reaktion durch Angst ausgelöst wird, äußert sie sich in verschiedenen körperlichen und emotionalen Empfindungen, die überwältigend sein können und das Gefühl der Angst verstärken. Lassen Sie uns diese Manifestationen genauer erkunden:

Beschleunigter Herzschlag: Eine der häufigsten körperlichen Manifestationen ist ein beschleunigter Herzschlag. Das Herz beginnt schneller zu schlagen, als Vorbereitung auf eine mögliche Bewältigungsaktion.

Flache oder schnelle Atmung: Die Atmung kann flacher und schneller werden. Dies geschieht, um sicherzustellen, dass der Körper ausreichend Sauerstoff erhält, um mit der wahrgenommenen bedrohlichen Situation umzugehen.

Muskelanspannung: Die Aktivierung des autonomen Nervensystems während der Angst führt zu einer allgemeinen Muskelanspannung. Die Muskeln können verspannt und steif werden, was zu unangenehmen Empfindungen beiträgt.

Übermäßiges Schwitzen: Angst kann eine Reaktion mit übermäßigem Schwitzen auslösen, was zu verschwitzten Händen, verschwitzten Handflächen und in einigen Fällen zu generellem Schwitzen führt.

Schwindel und Benommenheit: Einige Personen können Schwindel oder ein Schwindelgefühl erleben. Dies hängt mit der Reaktion des vestibulären Systems im Innenohr auf Stress zusammen.

Unwohlsein im Magen-Darm-Bereich: Angst kann den Magen-Darm-Trakt beeinflussen und zu

Empfindungen von Bauchunwohlsein, Übelkeit oder Durchfall führen.

Ruhelosigkeit und Gefühl der Unruhe: Ängstliche Menschen zeigen oft körperliche Unruhe, wie Beine zappeln, mit den Füßen wippen oder ständiges Händewringen.

Eindringliche Gedanken: Der Geist kann von besorgniserregenden und aufdringlichen Gedanken über die stressige Situation überflutet werden. Diese Gedanken können zwanghaft werden.

Verstärkte Angst und Sorgen: Die "Kampf oder Flucht"-Reaktion kann die Angst und Sorgen über die auslösende Situation verstärken, was zu einer Angstspirale führt.

Gefühl unmittelbarer Gefahr: Ein allgemeines Gefühl der unmittelbaren Gefahr oder einer bevorstehenden Bedrohung ist während eines durch die "Kampf oder Flucht"-Reaktion ausgelösten Angstzustands üblich.

Diese körperlichen und emotionalen Manifestationen von Angst können überwältigend sein und zu einem anhaltenden Angstzyklus beitragen. Das Verständnis dieser Manifestationen ist entscheidend, um wirksame Bewältigungsstrategien zu entwickeln, einschließlich Entspannungstechniken, Meditation und kognitive Verhaltenstherapie, die darauf abzielen, Körper und Geist zu beruhigen, den Angstzyklus zu unterbrechen und die psychische Genesung zu fördern.

Negative Denkmuster: Kognitiver Zyklus

Negative Denkmuster spielen eine entscheidende Rolle im Angstzyklus, da sie beeinflussen, wie wir Auslösesituationen wahrnehmen und darauf reagieren. Lassen Sie uns diesen kognitiven Zyklus genauer erkunden und wie er mit Angst in Verbindung steht:

Erwartung des Schlimmsten: Während eines Angstanfalls neigt der Geist dazu, das schlimmstmögliche Szenario in Bezug auf die Auslösesituation zu erwarten. Diese übermäßige und pessimistische Erwartung kann die Angst verstärken.

Katastrophisierung: Die Neigung zur Katastrophisierung wird bei Angst verstärkt. Menschen können sich die schlimmsten möglichen Konsequenzen einer Situation vorstellen, selbst wenn sie äußerst unwahrscheinlich sind. Diese Verstärkung der Gefahr kann zu einer exponentiellen Zunahme der Angst führen.

Übermäßige Sorge: Ein ängstlicher Geist kann in einen Zyklus übermäßiger Sorge geraten. Gedanken kreisen weiterhin um die Situation und wiederholen oft die gleichen Ängste und Unsicherheiten, was zu einem Anstieg des Angstzustands führt.

Selbstabwertende Gedanken: Während der Angst kann das Selbstwertgefühl beeinträchtigt sein. Einzelpersonen können negative Gedanken über sich selbst haben und an ihren Fähigkeiten und Kompetenzen zweifeln. Diese selbstabwertenden Gedanken können die Angst verstärken.

Konstante Selbstkritik: Selbstkritik ist in der Angst üblich. Menschen können sich gnadenlos selbst kritisieren, indem sie sich auf wahrgenommene Fehler oder vermeintliche Versäumnisse konzentrieren, was die Angst und die Angst weiter verstärken kann.

Vergangenheit Revue passieren lassen: Ein ängstlicher Geist bleibt oft in der Vergangenheit stecken und kehrt zu Situationen zurück, in denen er sich ängstlich oder unsicher gefühlt hat. Diese Angewohnheit der Grübelei kann die Angst verstärken, indem sie negative Denkmuster verstärkt.

Überbewertung der Schwere der Situation: Negative Denkmuster können zu einer übertriebenen Sichtweise der Schwere der Situation führen. Sorgen können verstärkt werden, was zu übermäßiger Angst führt.

Hypervigilanz: Angst kann zu übermäßiger Wachsamkeit in Bezug auf mögliche Bedrohungen führen. Dies bedeutet, dass Einzelpersonen ständig auf Anzeichen von Gefahr achten, was den Angstzyklus aufrechterhält.

Das Verständnis dieser Denkmuster ist entscheidend, um Angst effektiv zu bewältigen. Die Veränderung kognitiver Muster kann den negativen Zyklus unterbrechen und die psychische Gesundheit fördern.

Vermeidungs- und Sicherheitsverhalten: Anpassungsreaktionen

Vermeidungs- und Sicherheitsverhalten sind Strategien, die Menschen anwenden, um mit Angst umzugehen. Lassen Sie uns unser Verständnis für diese Anpassungsreaktionen vertiefen und wie sie den Angstzyklus beeinflussen:

Vermeidung: Vermeidung beinhaltet das Ausweichen oder Fernbleiben von Situationen, Aktivitäten oder Orten, die als Angstauslöser wahrgenommen werden. Dies kann das Vermeiden von sozialen Treffen, überfüllten Orten, öffentlichen Auftritten oder jeder Situation umfassen, die Unbehagen verursacht. Die Vermeidung bietet sofortige Erleichterung, hält die Angst jedoch langfristig aufrecht, da die Person ihre Sorgen nicht bewältigt und überwindet.

Suche nach Gewissheiten: Einige Menschen suchen nach Gewissheiten, um sich in angstauslösenden Situationen sicherer zu fühlen. Dies kann das wiederholte Einholen von Meinungen anderer zur Validierung ihrer Entscheidungen, das ständige Suchen nach Informationen über eine Situation oder das wiederholte Überprüfen, um sicherzustellen, dass alles in Ordnung ist, umfassen. Diese Suche nach Gewissheiten lindert die Angst vorübergehend, löst jedoch nicht die zugrunde liegende Ursache.

Wiederholte Rituale: Wiederholte Rituale, auch als Zwangshandlungen bekannt, sind Handlungen oder Verhaltensweisen, die in Reaktion auf Angst wiederholt durchgeführt werden. Dazu kann übermäßiges Händewaschen, mehrfaches Überprüfen von Türen, zwanghaftes Zählen oder spezifische Bewegungen gehören. Diese Rituale bieten ein vorübergehendes Gefühl der Kontrolle über die Angst, tragen jedoch langfristig zur Aufrechterhaltung der Angst bei.

Vermeidung unangenehmer Situationen: Das Vermeiden von angstauslösenden Situationen ist eine häufige Form des Vermeidungsverhaltens. Menschen können soziale Situationen, berufliche Herausforderungen oder sogar alltägliche Aktivitäten meiden, aus Angst, sie könnten Angst auslösen. Die Vermeidung beschränkt die Exposition gegenüber Angst, begrenzt jedoch auch persönliches Wachstum und die Bewältigung von Sorgen.

Abhängigkeit von "Komfortzonen": Einige Menschen schaffen "Komfortzonen", in denen sie sich sicherer und weniger ängstlich fühlen. Sie können sich an bestimmte Umgebungen oder Aktivitäten klammern, die ihnen Trost bieten, und sich weigern, diese Zonen zu verlassen. Obwohl sie vorübergehende Erleichterung verspüren können, löst diese Abhängigkeit von den Komfortzonen nicht die zugrunde liegende Angst und kann zu einem eingeschränkten Leben führen.

Muster der generalisierten Vermeidung: Im Laufe der Zeit kann die Vermeidung verallgemeinert werden und zur Vermeidung einer Vielzahl von Situationen führen. Dies schränkt das Leben der Person ein und schafft

Hindernisse für persönliches Wachstum und Zielerreichung.

Diese Vermeidungs- und Sicherheitsverhaltensweisen werden als Bewältigungsmechanismen verstanden, die vorübergehende Linderung der Angst bieten. Langfristig halten sie jedoch die Angst aufrecht und tragen zur Aufrechterhaltung des Angstzyklus bei.

Verstärkung des Zyklus: Lernen und Konditionierung

Um unser Verständnis darüber zu vertiefen, wie die Angst aufrechterhalten wird, werden wir die Phase der Verstärkung des Zyklus untersuchen, die Lernen und Konditionierung beinhaltet. Dieser Prozess spielt eine entscheidende Rolle bei der anhaltenden Angst und ihrer Verstärkung im Laufe der Zeit:

Assoziatives Lernen: Jedes Mal, wenn eine Person die Kampf-oder-Flucht-Reaktion in einer bestimmten ängstlichen Situation erlebt, findet ein Prozess des assoziativen Lernens im Gehirn statt. Dabei werden die Auslöser oder Situationen mit den erlebten Angstgefühlen in Verbindung gebracht. Zum Beispiel, wenn eine Person Angst während einer öffentlichen Präsentation verspürt, verknüpft ihr Geist diese spezifische Situation (Bühne, Publikum usw.) mit den Angstsymptomen.

Verstärkung der Angst: Dieses assoziative Lernen verstärkt die Angwort auf Angst. Jedes Mal, wenn die Person der gefürchteten Situation ausgesetzt ist, bestätigt das Gehirn diese ängstliche Verknüpfung erneut. Auf diese Weise steigt die Angst und wird zu einer automatischen Reaktion auf diese Reize.

Klassische Konditionierung: Dieser Prozess ähnelt der klassischen Konditionierung, ein Konzept, das in der Psychologie weit verbreitet ist. Der ursprünglich neutrale Reiz (die Situation) wird zu einem konditionierten Reiz, der eine ähnliche angstauslösende Reaktion wie die tatsächliche Situation hervorruft. Das Gehirn lernt, Angst in Anwesenheit dieser konditionierten Reize zu erwarten.

Sensibilisierung: Im Laufe der Zeit und aufgrund der Wiederholung dieses Prozesses tritt eine Sensibilisierung auf. Das bedeutet, dass die Angst im Laufe der Zeit stärker wird und schwerer kontrollierbar wird. Der Zyklus der Angst hält an, und das Konfrontieren der gefürchteten Situationen kann noch herausfordernder werden.

Schwierigkeit, den Zyklus zu durchbrechen: Die Sensibilisierung und Konditionierung führen zu einem sich selbst aufrechterhaltenden Zyklus. Das Gehirn ist nun stark sensibilisiert, um diese Reize mit Angst zu assoziieren, was das Unterbrechen des Zyklus erschwert. Selbst anfangs nicht ängstliche Situationen können aufgrund dieser Konditionierung beginnen, Angst hervorzurufen.

Das Verständnis dieser Verstärkungsdynamik ist entscheidend für eine effektive Bewältigung von Angst.

Persistenz und Intensivierung: Der sich selbst erhaltende Zyklus

Lassen Sie uns unser Verständnis für die Phase der Persistenz und Intensivierung im sich selbst erhaltenden Zyklus der Angst vertiefen, um zu verstehen, wie dieser Zyklus im Laufe der Zeit stärker wird und anhält:

Automatisierung der ängstlichen Reaktion: Wenn sich der Angstzyklus wiederholt, wird die ängstliche Reaktion automatisiert. Das Gehirn schafft eine starke und schnelle Verbindung zwischen den Auslösern und der Angstreaktion, was zu einer nahezu sofortigen Reaktion führt.

Erweiterung des Spektrums ängstlicher Situationen: Im Laufe der Zeit kann sich die Angst über die anfänglichen Auslöser hinaus verallgemeinern. Anfänglich mit bestimmten Auslösern assoziiert, beginnt die Angst durch eine breitere Palette von verwandten oder nicht verwandten Reizen ausgelöst zu werden.

Gegenseitige Verstärkung des Zyklus: Die Intensivierung der Angst und ihre Verallgemeinerung führen zu einem sich gegenseitig verstärkenden Zyklus. Die generalisierte Angst verstärkt das Gefühl der wahrgenommenen Gefahr, was den Zyklus am Laufen hält und seine Unterbrechung erschwert.

Schwierigkeit, Ursache und Wirkung zu unterscheiden: Mit der Intensivierung des Zyklus wird es für die Person schwierig, zu erkennen, was zuerst kam: die Angst oder die auslösende Situation. Dieser Prozess erschwert die genaue Identifizierung der Ursachen der Angst, was die effektive Intervention kompliziert.

Unbewusste Aufrechterhaltung: Ein Teil dieses Zyklus verläuft unbewusst. Die Muster der ängstlichen Reaktion können so automatisch und subtil sein, dass die Person sich möglicherweise nicht bewusst ist, dass sie in diesem sich selbst erhaltenden Zyklus gefangen ist.

Notwendigkeit bewusster Intervention: Aufgrund der Automatisierung und Verallgemeinerung der Angst ist bewusste Anstrengung und therapeutische Intervention erforderlich, um diesen Zyklus zu durchbrechen. Spezifische therapeutische Strategien wie Expositionstechniken, kognitive Umstrukturierung und emotionale Regulation sind entscheidend, um die Intensivierung und Persistenz der Angst zu unterbrechen.

Das Verständnis dieser Phase im sich selbst erhaltenden Zyklus ist entscheidend, um effektive therapeutische Strategien zu entwickeln, die diese Muster in Frage stellen und ändern können, und so eine anpassungsfähigere Reaktion auf die Auslöser der Angst fördern, um den anhaltenden Zyklus der Angst zu durchbrechen.

Durch die Identifizierung von Interventionspunkten und die Umsetzung effektiver Strategien können wir den sich selbst erhaltenden Zyklus unterbrechen und unsere Reise hin zur Genesung und seelischem Wohlbefinden beginnen.

METHODEN ZUM DURCHBRECHEN DES KREISES UND FÖRDERUNG DER GENESUNG

Den sich selbst erhaltenden Zyklus der Angst zu durchbrechen, ist entscheidend, um Leiden zu lindern und die psychische und physische Gesundheit zu fördern. Wir werden wirksame Strategien und Methoden zur Unterbrechung dieses Teufelskreises erkunden und den Erholungsprozess einleiten.

Bewusstsein und Aufklärung

Der erste entscheidende Schritt besteht darin, sich der Natur des Angstzyklus bewusst zu werden. Das Verständnis, wie Auslöser, körperliche Reaktionen und Denkmuster miteinander verknüpft sind, ist entscheidend. Die Aufklärung über Angst, ihre Symptome und Auswirkungen hilft einer Person dabei, zu erkennen, wann der Zyklus beginnt, und Maßnahmen zu ergreifen, um ihn zu unterbrechen.

Allmähliche Expositionspraxis

Die schrittweise Exposition ist eine der effektivsten Strategien, um Vermeidung zu überwinden. Beginnen Sie langsam damit, sich den Situationen auszusetzen, die Angst auslösen, beginnend mit denjenigen, die weniger gefürchtet sind. Nach und nach konfrontieren Sie sich mit anspruchsvolleren Situationen. Dies hilft dabei, die Angstreaktion zu deaktivieren und Ihrem Gehirn zu zeigen, dass die Situation nicht so gefährlich ist, wie sie erscheint.

Entspannungstechniken

Entspannungspraktiken wie Tiefenatmung, Meditation, Yoga und Achtsamkeit können dazu beitragen, die Aktivierung des Sympathikus zu reduzieren. Durch Beruhigen von Körper und Geist können Sie den Angstzyklus unterbrechen, indem Sie die körperliche Reaktion auf Stress reduzieren.

Professionelle Hilfe suchen

Ein Fachmann für psychische Gesundheit wie ein Psychologe oder Psychiater kann spezialisierte Anleitung bieten, um Angst zu verstehen und damit umzugehen. Die kognitive Verhaltenstherapie (CBT) ist eine häufige und äußerst wirksame Behandlung für Angststörungen.

Gesunder Lebensstil

Ein gesunder Lebensstil, einschließlich ausgewogener Ernährung, regelmäßiger Bewegung und angemessener Schlafgewohnheiten, kann dazu beitragen,

Neurotransmitter auszugleichen und einen stabileren mentalen Zustand fördern, was zur Unterbrechung des Angstzyklus beiträgt.

Bewältigungsstrategien erlernen

Die Entwicklung gesunder Bewältigungsfähigkeiten wie Problemlösung, positives Denken und durchsetzungsfähige Kommunikation kann dazu beitragen, mit den auslösenden Situationen effektiver umzugehen und den Angstzyklus zu durchbrechen.

Achtsamkeitspraxis

Die regelmäßige Achtsamkeitspraxis hilft dabei, im gegenwärtigen Moment zu bleiben und verhindert, dass Angst vor der Zukunft und Bedauern über die Vergangenheit Sie gefangen nehmen. Dies kann den sich selbst erhaltenden Zyklus unterbrechen und es Ihnen ermöglichen, sich auf positive und konstruktive Handlungen zu konzentrieren.

Integration von Entspannungsaktivitäten in den täglichen Ablauf

Die Integration von Entspannungsaktivitäten in Ihre tägliche Routine, auch in nicht ängstlichen Momenten, kann dazu beitragen, Stress zu regulieren und dessen Anhäufung zu vermeiden, wodurch der Angstzyklus unterbrochen wird.

Soziale Unterstützung

Das Sprechen mit Freunden, Familie oder die Teilnahme an Selbsthilfegruppen kann die notwendige Unterstützung bieten, um den Angstzyklus zu durchbrechen. Das Teilen von Erfahrungen und das Lernen von anderen kann auf dem Weg der Genesung äußerst hilfreich sein.

Selbstfürsorge

Praktizieren Sie die Selbstfürsorge kontinuierlich. Nehmen Sie sich Zeit für sich selbst, tun Sie Dinge, die sich gut anfühlen, kümmern Sie sich um Ihre körperliche und emotionale Gesundheit. Ein gesunder Körper und Geist sind besser in der Lage, den Angstzyklus zu durchbrechen.

Der Teufelskreis der Angst ist eine komplexe Falle, aber er ist nicht unbesiegbar. Im vorherigen Kapitel haben wir ausführlich erkundet, wie Angst zu einem sich selbst erhaltenden Kreislauf werden kann, genährt von miteinander verbundenen Gedanken, körperlichen Reaktionen und Emotionen. Das Verständnis ist der erste entscheidende Schritt, um diese Falle zu überwinden. Jetzt wenden wir uns praktikablen und zugänglichen Strategien zu, um diesen Kreislauf zu durchbrechen, die Kontrolle zurückzugewinnen und auf dem Weg zu einem ausgewogeneren und ruhigeren Leben voranzuschreiten.

Der Weg zur Überwindung von Angst führt durch Selbstmanagement. Im nächsten Kapitel werden wir tiefgreifende Strategien erkunden, um Ihnen zu helfen, die Kontrolle zu übernehmen und inneren Frieden wiederzuerlangen. Von täglichen Übungen bis hin zu tiefen Selbstreflexionstechniken werden wir lernen, Widerstandsfähigkeit aufzubauen und Frieden inmitten des Sturms der Angst zu finden. Diese Strategien sind nicht nur Werkzeuge; sie sind Einladungen zu einer neuen Art des Lebens, mit Vertrauen und Klarheit.

8
SELBSTMANAGEMENTSTRATEGIEN

Seien Sie der Dirigent Ihrer eigenen Ruhe, komponieren Sie Ihre Melodie und harmonisieren Sie Ihr Wesen.

Wir leben in einer Welt, die ständig in Bewegung ist und voller Anforderungen, Erwartungen und Herausforderungen steckt. In diesem Szenario ist es üblich, dass Angst auftritt und oft zu einem unerwünschten Begleiter in unserem Alltag wird. Angst kann von leicht bis intensiv reichen und sich auf unsere Lebensqualität und unser Wohlbefinden auswirken. Wir sind jedoch nicht dazu verdammt, Geiseln der Angst zu sein. Wir können praktische und effektive Strategien entwickeln, um sie zu bewältigen und unser emotionales Gleichgewicht zu fördern.

Dieses Kapitel ist eine Reise in das Universum der Selbstmanagementstrategien für Angst. Wir werden bewährte Methoden erkunden, die helfen können, Angst zu lindern und Ruhe in unser Leben zu bringen. Dies sind Werkzeuge, die in unserer Reichweite liegen und darauf warten, in unseren Alltag integriert zu werden.

Wir werden die Bedeutung von Akzeptanz, körperlicher Bewegung, kognitiver Umstrukturierung und anderen effektiven Praktiken zur Reduzierung von Angstzuständen verstehen. Darüber hinaus werden wir in die Welt der bewussten Atmung, des progressiven

Entspannens und der Achtsamkeit eintreten, mächtige Techniken, die uns mit der Gegenwart verbinden und uns helfen, inneren Frieden zu finden.

Wenn wir diese Strategien annehmen, bekämpfen wir nicht nur die Symptome von Angst. Wir entwickeln eine widerstandsfähige Denkweise, stärken unsere Fähigkeit, Herausforderungen zu bewältigen, und fördern unsere geistige und körperliche Gesundheit.

PRAKTISCHE STRATEGIEN FÜR MOMENTE HOHER ANGSTBEWÄLTIGUNG

Wenn wir auf Momente hoher Angst stoßen, ist es entscheidend, praktische Strategien zu haben, die uns dabei unterstützen, auf gesunde und effektive Weise durch diese stürmischen Gewässer zu navigieren. Intensive Angst kann sich in verschiedenen Situationen manifestieren, sei es vor einer wichtigen Präsentation oder in Zeiten großer Unsicherheit. Hier sind einige praktische Strategien, die Ihnen helfen können, in solchen Momenten die Kontrolle über Ihre Emotionen zurückzugewinnen:

Bewusstes Atmen (oder die Technik des tiefen Atmens)

Bewusstes Atmen ist ein kraftvolles Werkzeug, um Angst sofort zu lindern. Es hilft, das Nervensystem zu beruhigen, den Herzschlag und den Blutdruck zu senken.

Eine einfache Übung besteht darin, langsam durch die Nase einzuatmen und bis vier zu zählen, den Atem für vier Sekunden anzuhalten und dann durch den Mund auszuatmen und erneut bis vier zu zählen. Das Wiederholen dieses Zyklus mehrmals kann sofortige Erleichterung bringen.

Praxis der Akzeptanz und Verpflichtung (ACT)

ACT ist ein Ansatz, bei dem das Akzeptieren von Gedanken und Gefühlen ohne Wertung im Vordergrund steht. Dies erlaubt es, dass sie durch den Geist ziehen, ohne dagegen anzukämpfen. Anschließend verpflichtet man sich, im Einklang mit persönlichen Werten zu handeln, selbst in Anwesenheit dieser unangenehmen Gedanken. Dies hilft, den Kampf gegen die Angst zu vermeiden, der sie oft verstärkt.

Regelmäßige körperliche Aktivität

Regelmäßige körperliche Betätigung, wie Spaziergänge, Laufen, Yoga oder Tanzen, setzt Endorphine frei, Neurotransmitter, die Stress und Angst lindern. Darüber hinaus hilft Bewegung, einen gesunden Schlaf aufrechtzuerhalten, was für die Kontrolle von Angstzuständen entscheidend ist.

Achtsamkeits- und Meditationspraxis

Achtsamkeit und Meditation können dazu beitragen, den Geist zu beruhigen und das Bewusstsein für die Gegenwart zu schärfen. Indem man sich auf die Atmung oder ein bestimmtes Objekt konzentriert, kann man ängstliche Gedanken vertreiben und einen Zustand der Ruhe und des Gleichgewichts finden.

Festlegung realistischer Ziele

Das Festlegen realistischer und erreichbarer Ziele hilft, die leistungsbezogene Angst zu reduzieren. Die Festlegung von spezifischen, messbaren, erreichbaren, relevanten und zeitlich begrenzten Zielen (bekannt als SMART-Ziele) kann ein Gefühl der Kontrolle vermitteln und die Angst verringern.

Techniken der progressiven Muskelentspannung

Diese Technik beinhaltet das absichtliche Anspannen und Lockern von Muskelgruppen, beginnend bei den Füßen und bis zum Kopf. Dieser Prozess hilft, physische und mentale Spannungen abzubauen und ein Gefühl der Entspannung zu fördern.

Entwicklung entspannender Hobbys

Das Ausüben entspannender Hobbys wie Malen, Gärtnern, Kochen oder Musik hören kann eine Auszeit von Stress- und Angstquellen ermöglichen und Zeit für Erholung und Regeneration bieten.

Praxis des positiven Selbstgesprächs

Die Entwicklung eines positiven und ermutigenden inneren Dialogs kann helfen, negative Denkmuster umzukehren. Sich selbst mit unterstützenden Worten zu ermutigen, kann die Perspektive verändern und die Angst reduzieren.

Das Anwenden dieser praktischen Strategien in Zeiten hoher Angst kann einen signifikanten Unterschied machen und uns befähigen, Herausforderungen in einer ausgewogeneren und entschlosseneren Weise zu bewältigen. Jeder Mensch ist einzigartig, daher ist es wichtig, auszuprobieren und herauszufinden, welche Strategien am besten für Sie funktionieren. Was zählt, ist, dass diese Praktiken mit Ihren Werten übereinstimmen und zu Ihrer geistigen Gesundheit und Ihrem Wohlbefinden beitragen.

TECHNIKEN ZUR ATMUNG, ENTSPANNUNG UND ACHTSAMKEIT ZUR BEWÄLTIGUNG VON ANGST

Angst zu kontrollieren kann durch Atem-, Entspannungs- und Achtsamkeitstechniken erreicht werden. Diese Strategien sind wirksam, um den Geist zu beruhigen, Stress abzubauen und das innere Gleichgewicht wiederherzustellen. Im Folgenden werden wir diese Praktiken und ihre effektive Anwendung genauer erläutern:

Atemtechniken

Die Atmung ist ein leistungsfähiges Werkzeug zur Kontrolle von Angst, da sie direkt mit unserem Nervensystem und emotionalen Zustand verbunden ist. Die Anwendung von Atemtechniken kann dazu beitragen, den Geist zu beruhigen, Stress zu reduzieren und ein

Gefühl der Entspannung zu erzeugen. Lassen Sie uns einige dieser Techniken genauer betrachten:

Bauchatmung (oder abdominale Atmung): Bei dieser Technik atmet man tief ein, zuerst in den Bauch und dann in die Brust. Beim Einatmen dehnt sich der Bauch aus, und beim Ausatmen zieht er sich zusammen. Dies hilft, das Nervensystem zu beruhigen und die Angst zu reduzieren.

So geht's:

1. Setzen Sie sich oder legen Sie sich bequem hin.
2. Legen Sie eine Hand auf die Brust und die andere auf den Bauch.
3. Atmen Sie langsam durch die Nase ein, zuerst in den Bauch und dann in die Brust.
4. Atmen Sie durch den Mund oder die Nase aus und lassen Sie die Luft zuerst aus der Brust und dann aus dem Bauch.

4-7-8 Atemmuster: Bei diesem Muster atmet man durch die Nase ein, zählt bis vier, hält sieben Sekunden lang den Atem an und atmet durch den Mund aus, während man bis acht zählt. Wiederholen Sie diesen Zyklus einige Male. Dies hilft, den Geist zu beruhigen und den Schlaf zu fördern.

So geht's:

1. Schließen Sie die Augen und legen Sie die Zungenspitze direkt hinter die oberen Zähne.
2. Atmen Sie vollständig durch den Mund aus und erzeugen Sie dabei ein "quh"-Geräusch.

3. Schließen Sie den Mund und atmen Sie leise durch die Nase ein, zählen Sie dabei im Geist bis vier.
4. Halten Sie den Atem an und zählen Sie bis sieben.
5. Atmen Sie langsam durch den Mund aus, zählen Sie bis acht und erzeugen Sie erneut das "quh"-Geräusch.

Wechselatmung (Nadi Shodhana): Dies ist eine Atemtechnik, die im Yoga verwendet wird. Dabei wird während der Atmung abwechselnd die Nasenöffnung verändert, was eine beruhigende Wirkung hat, da es die Gehirnhälften ausgleicht.

So geht's:

1. Setzen Sie sich bequem hin und halten Sie den Rücken gerade.
2. Verwenden Sie den Daumen, um das rechte Nasenloch zu schließen, und atmen Sie langsam durch das linke Nasenloch ein.
3. Nach vollständigem Einatmen verschließen Sie das linke Nasenloch mit dem Ringfinger und halten den Atem einige Sekunden an.
4. Öffnen Sie das rechte Nasenloch und atmen Sie langsam durch dieses aus.
5. Atmen Sie durch das rechte Nasenloch ein, verschließen Sie es und atmen Sie durch das linke Nasenloch aus.
6. Setzen Sie diese Abfolge fort.

Diese Atemtechniken sind wertvolle Werkzeuge, um den Geist und den Körper in Momenten der Angst zu beruhigen. Die regelmäßige Praxis kann die Fähigkeit zur Stressbewältigung verbessern und Ruhe und emotionales Gleichgewicht bieten. Die Wahl der Technik hängt von der

Situation und Ihren persönlichen Vorlieben ab. Probieren Sie jede von ihnen aus und integrieren Sie sie in Ihre Routine, um dauerhafte Vorteile zu erzielen.

Entspannungstechniken

Neben Atemtechniken gibt es verschiedene Entspannungsmethoden, die sehr effektiv sein können, um Angst und Stress zu lindern. Diese Techniken zielen darauf ab, Muskelspannungen abzubauen, den Geist zu beruhigen und einen Zustand der Ruhe zu schaffen. Lassen Sie uns einige von ihnen näher betrachten:

Progressive Muskelentspannung: Diese Technik beinhaltet das gezielte Anspannen und lockeres Lassen von Muskelgruppen, beginnend bei den Füßen und aufsteigend zum Kopf. Dies hilft, aufgestaute Spannungen im Körper freizusetzen.

So geht's:

1. Setzen Sie sich oder legen Sie sich bequem hin.
2. Beginnen Sie damit, die Muskeln in Ihren Füßen einige Sekunden lang anzuspannen und lassen Sie sie dann vollständig locker.
3. Fahren Sie fort, allmählich jede Muskelgruppe, von den Füßen bis zum Kopf, abwechselnd anzuspannen und zu entspannen.
4. Beim Anspannen spüren Sie die Spannung in den Muskeln, und beim Entspannen spüren Sie die Freisetzung der Spannung.

Geführte Vorstellung: Dies besteht darin, sich eine entspannende Umgebung oder Situation vorzustellen. Sie können eine friedliche Szene in Ihrem Geist erschaffen und sich darauf konzentrieren, um die Angst zu reduzieren.

So geht's:

1. Finden Sie einen ruhigen Ort und setzen oder legen Sie sich bequem hin.
2. Schließen Sie die Augen und atmen Sie tief ein, um sich zu entspannen.
3. Erschaffen Sie in Ihrem Geist eine entspannende Szene - es könnte ein Strand, ein Wald oder jeder Ort sein, der Ruhe bringt.
4. Visualisieren Sie alle Details dieser Szene, von den Farben bis zu den Geräuschen und Düften.

Biofeedback: Dies ist eine Methode, die es einer Person ermöglicht, Körperfunktionen wie Herzfrequenz, Blutdruck und Muskelspannung zu kontrollieren. Durch dieses Feedback kann man lernen, bewusst zu entspannen.

So geht's:

1. Suchen Sie einen Fachmann im Gesundheitswesen, der auf Biofeedback spezialisiert ist.
2. Während einer Sitzung überwachen Sensoren Ihre Körperfunktionen.
3. Mit Anleitung des Fachmanns lernen Sie Techniken, um diese Funktionen zu kontrollieren und zu reduzieren.

Diese Entspannungstechniken sind wertvoll, um Angst zu reduzieren, das Wohlbefinden zu fördern und die geistige Gesundheit zu verbessern. Die Integration dieser Praktiken in Ihre tägliche Routine kann einen signifikanten Unterschied in Ihrem Umgang mit Stress und Angst bewirken. Probieren Sie jede von ihnen aus und entdecken Sie, welche am besten zu Ihrem Lebensstil und Ihren Bedürfnissen passt. Die regelmäßige Praxis dieser Techniken kann dazu beitragen, einen Zustand der Ruhe und des Gleichgewichts zu erreichen.

Achtsamkeitspraktiken

Achtsamkeit, eine alte Praxis mit Wurzeln in der buddhistischen Meditation, ist ein mächtiges Werkzeug zur Bewältigung von Angst. Sie beinhaltet bewusste Achtsamkeit auf den gegenwärtigen Moment, was ein tieferes Verständnis von uns selbst und unserer Umgebung ermöglicht. Lassen Sie uns einige Achtsamkeitspraktiken erkunden, die dazu beitragen können, Angst zu reduzieren und das geistige Wohlbefinden zu fördern:

Achtsamkeitsmeditation: Die Achtsamkeitsmeditation ist einer der Grundpfeiler dieser Praxis. Sie erfordert, Zeit darauf zu verwenden, sich auf Ihren Atem und den gegenwärtigen Moment zu konzentrieren. Setzen Sie sich bequem hin, achten Sie auf Ihren Atem, und wenn Ihr Geist abschweift (was normal ist), bringen Sie sanft Ihre Aufmerksamkeit zurück auf Ihren Atem. Dies hilft, den Geist zu beruhigen und einen Zustand der Ruhe zu schaffen.

Achtsamkeit für Körpersensationen: Diese Technik lenkt Ihre Aufmerksamkeit auf die körperlichen Empfindungen Ihres Körpers. Setzen Sie sich an einen ruhigen Ort und konzentrieren Sie sich auf die Empfindungen in Ihrem Körper – den Druck gegen den Stuhl, das Gefühl des Bodens unter Ihren Füßen, die Hauttemperatur. Dies hilft Ihnen, sich mit dem gegenwärtigen Moment zu verbinden und angstauslösende Gedanken zu vertreiben.

Unvoreingenommene Beobachtung der Gedanken: Die unvoreingenommene Beobachtung der Gedanken ist eine Praxis der Akzeptanz. Statt Ihre Gedanken zu beurteilen oder emotional auf sie zu reagieren, beobachten Sie sie einfach. Erkennen Sie, dass sie da sind, aber gehen Sie nicht emotional darauf ein. Dies kann zu einem klareren Verständnis Ihrer Denkmuster führen und dazu beitragen, die mit ihnen verbundene Angst zu lösen.

Im Verlauf dieses Kapitels sind wir in die Tiefen der Selbstmanagementstrategien eingetaucht und haben wertvolle Werkzeuge kennengelernt, um Angst zu bewältigen und zu kontrollieren. Von Atemtechniken, die uns helfen, Ruhe zu finden, bis hin zu Entspannungsmethoden, die aufgestaute Spannungen lösen, ist jede Strategie ein wichtiger Bestandteil des Puzzles bei der Bewältigung von Angst.

Achtsamkeit, mit ihrer Fähigkeit, uns im gegenwärtigen Moment zu verankern, und die Vorstellung, die uns in friedliche Umgebungen versetzt, sind mächtige Ressourcen, um unseren Geist und Körper ins Gleichgewicht zu bringen. Die regelmäßige Praxis dieser Techniken kann wirklich unsere Beziehung zur Angst verändern und uns ein stärkeres Gefühl von Ruhe, verbesserte geistige Klarheit und eine ausgewogenere Reaktion auf Stress bieten. Denken Sie daran, der Schlüssel liegt in der regelmäßigen Übung und der Integration dieser Techniken in Ihre tägliche Routine, um die langfristigen Vorteile zu ernten.

Im nächsten Kapitel werden wir die Resilienz erkunden, eine grundlegende Fähigkeit, um vor den Herausforderungen, die das Leben uns bietet, zu gedeihen. Resilienz ist nicht nur die Fähigkeit, Stress zu widerstehen, sondern auch die Fähigkeit, sich anzupassen, zu lernen und mit herausfordernden Erfahrungen zu wachsen. Gemeinsam werden wir entdecken, wie wir widerstandsfähiger werden können, den Herausforderungen mutig begegnen und sie in Chancen für unser persönliches Wachstum verwandeln können.

9
DEN AUFBAU VON WIDERSTANDSFÄHIGKEIT

Wie ein widerstandsfähiger Baum, biege dich in den Stürmen, aber brich niemals; wachse, blühe auf und erblühe.

Das Leben ist ein Kreislauf von Höhen und Tiefen, Herausforderungen und Triumphen. Auf unserem Weg begegnen wir unerwarteten Turbulenzen, Atem raubenden Stürzen und Zusammenstößen, die unser emotionales Gleichgewicht ins Wanken bringen. In dieser Welt der Unsicherheiten und Veränderungen entsteht die Widerstandsfähigkeit als ein entscheidender Anker, der uns standhaft hält und es uns ermöglicht, nicht nur zu überleben, sondern inmitten von Widrigkeiten zu gedeihen.

Widerstandsfähigkeit ist viel mehr als der Widerstand gegen den Sturm. Es ist ein meisterhaftes Zusammenspiel unserer inneren Stärke und Fähigkeit, das Negative in Positives, das Leiden in persönliches Wachstum zu verwandeln. Es manifestiert sich in der Fähigkeit, unseren Geist und unser Herz zu biegen, um sich den Herausforderungen anzupassen, daraus zu lernen und sich weiterzuentwickeln.

In diesem Kapitel werden wir uns eingehend mit dem Aufbau von Widerstandsfähigkeit beschäftigen, einer inneren Reise der Selbsterkenntnis und Stärkung. Wir werden lernen, wie wir diese angeborene Eigenschaft kultivieren können, sie pflegen und in unserem täglichen Leben aufblühen lassen. Wir werden die Techniken und Denkweisen enthüllen, die uns helfen, widerstandsfähiger zu werden, Schmerz in Weisheit zu verwandeln und Widrigkeiten in Wachstum.

DIE NATUR DER WIDERSTANDSFÄHIGKEIT

Widerstandsfähigkeit ist keine Gabe, die nur einigen wenigen Glücklichen zuteilwird, sondern eine Fähigkeit, die wir alle entwickeln können. Sie ist die Kunst, sich zu beugen, ohne zu brechen, Hoffnung zu finden, wenn alles verloren scheint, und aus der Asche mit erneuertem Entschluss aufzusteigen.

Diese innere Stärke ermöglicht es uns, Widrigkeiten in Chancen für persönliches Wachstum umzuwandeln. Angesichts der herausforderndsten Situationen erlaubt uns die Widerstandsfähigkeit, Hoffnung zu finden, aus Fehlern zu lernen und mit erneuertem Entschluss hervorzutreten. Es ist ein Weg der Überwindung und Selbstverbesserung, bei dem die Narben der Vergangenheit zu Grundlagen für eine stabilere Zukunft werden.

WIE MAN EMOTIONALE WIDERSTANDSFÄHIGKEIT ENTWICKELT

Widerstandsfähigkeit ist eine dynamische Qualität, eine Kraft, die sich im Laufe der Zeit anpasst, entwickelt und stärkt. Sie ist wie ein Muskel, der trainiert und gestärkt werden kann. Je mehr wir sie üben, desto mehr entwickelt sie sich, wird intensiver und tiefer.

Die Entwicklung der emotionalen Widerstandsfähigkeit ist eine innere Reise, die Selbstexploration, Bewusstsein und bewusstes Handeln erfordert. Es handelt sich um eine Eigenschaft, die, ähnlich wie ein Muskel, mit der Zeit gestärkt und verbessert werden kann. Lassen Sie uns tief in die Kunst des Kultivierens dieser entscheidenden Fähigkeit eintauchen, in der Selbstkenntnis und emotionale Akzeptanz eine Schlüsselrolle spielen.

Selbsterkenntnis und emotionale Akzeptanz

Die Widerstandsfähigkeit beginnt in uns selbst, in der Kenntnis und Akzeptanz unserer eigenen Emotionen. Das Verständnis unserer eigenen emotionalen Muster, Auslöser und Reaktionen ist wie das Kartieren des emotionalen Terrains, das wir bewohnen. Die volle Akzeptanz dieser Emotionen, auch derer, die wir als schwierig oder unangenehm empfinden, ist der erste Schritt, um zu lernen, wie man gesund mit ihnen umgeht. Die Anerkennung, dass alle Emotionen einen Zweck haben und gültig sind, ist ein Akt der Selbstempathie, der die Grundlage unserer Widerstandsfähigkeit bildet.

Starke soziale Unterstützung

Keiner von uns ist auf dieser Reise allein. Ein starkes soziales Unterstützungsnetzwerk ist ein grundlegender Pfeiler für die emotionale Widerstandsfähigkeit. Freunde, Familie oder Unterstützungsgruppen sind in Zeiten der Not kostbare Quellen der Unterstützung. Die Fähigkeit, unsere Sorgen, Ängste und Herausforderungen mit anderen zu teilen, schafft ein Zugehörigkeitsgefühl und erleichtert die emotionale Last, die wir tragen. Indem wir nach Hilfe suchen und Hilfe anbieten, bauen wir wesentliche Brücken, die uns auf unserem langen Lebensweg stärken.

Kognitive Flexibilität

Unsere Art und Weise, Ereignisse zu interpretieren und darauf zu reagieren, ist ein entscheidender Aspekt der emotionalen Widerstandsfähigkeit. Sie ist mit unserer kognitiven Flexibilität verbunden, der Fähigkeit, unsere Denkweise in herausfordernden Situationen anzupassen. Es ist unerlässlich, in der Lage zu sein, Situationen aus verschiedenen Perspektiven zu bewerten, unsere Überzeugungen zu hinterfragen und unsere Reaktionen angesichts der sich entwickelnden Realität anzupassen. Das Kultivieren eines flexiblen und offenen Geistes hilft uns, nicht an begrenzende Denkmuster gebunden zu sein, und ermöglicht es uns, kreative und konstruktive Lösungen für die Herausforderungen zu finden, denen wir gegenüberstehen.

Festlegung von Zielen und Fokussierung auf die Zukunft

Die Festlegung greifbarer und realistischer Ziele ist eine effektive Möglichkeit, unserer Leben Richtung und Zweck zu geben. Selbst kleine Ziele können mächtige Anker für die Widerstandsfähigkeit sein. Sie helfen uns, einen Fortschrittssinn zu bewahren, an unser Potenzial zu glauben und einen Kompass für unseren Weg bereitzustellen. Die Ausrichtung auf die Zukunft, die Visualisierung unserer Ziele und der Glaube, dass wir sie trotz der Schwierigkeiten erreichen können, sind wesentliche Aspekte der Widerstandsfähigkeit. Es ist eine ständige Erinnerung daran, dass es auch in den dunkelsten Momenten ein Licht am Ende des Tunnels gibt.

Körperliche Gesundheit und Wohlbefinden

Die physische und emotionale Gesundheit sind auf komplexe Weise miteinander verflochten. Die Aufrechterhaltung eines gesunden Lebensstils ist eine solide Grundlage für die emotionale Widerstandsfähigkeit. Eine ausgewogene Ernährung, regelmäßige körperliche Aktivität und ausreichender Schlaf sind Säulen, die unseren Körper stärken, was wiederum unseren Geist unterstützt. Die Pflege unserer körperlichen Gesundheit ist nicht nur eine Frage der Gesundheit, sondern eine lebenswichtige Strategie zur

Stärkung der emotionalen Widerstandsfähigkeit. Ein gesunder Körper ist der fruchtbare Boden, auf dem unsere emotionale Widerstandsfähigkeit wächst und gedeiht.

Diese Elemente bilden eine solide Grundlage für die Entwicklung der emotionalen Widerstandsfähigkeit. Es ist eine Einladung, nach innen zu schauen, unsere Emotionen anzuerkennen, Unterstützung zu suchen, flexibel in unserer Denkweise zu sein, unsere Ziele zu pflegen und auf unseren Körper zu achten. Zusammen führen sie uns auf den Weg zu einer dauerhaften Widerstandsfähigkeit, die uns stark macht, um den Stürmen des Lebens zu begegnen und gestärkt wie nie zuvor hervorzutreten.

WIE MAN WIDRIGKEIT IN PERSÖNLICHEN WACHSTUM VERWANDELT

Die wahre Magie der Widerstandsfähigkeit zeigt sich, wenn wir in der Lage sind, Widrigkeiten in persönliches Wachstum zu verwandeln. Wir werden erkunden, wie wir Bedeutung in unseren Kämpfen finden können, wie wir aus unseren Fehlern lernen können und wie wir nach jedem Sturm gestärkt hervorgehen können. Die Fähigkeit, Weisheit und Reife aus unseren herausfordernden Erfahrungen zu ziehen, ist die wahre Essenz der Widerstandsfähigkeit.

Positive Neubewertung

Die positive Neubewertung ist eine mächtige psychologische Strategie, die uns hilft, Widrigkeiten in persönliches Wachstum zu verwandeln. Lassen Sie uns diese transformative Technik genauer erkunden:

Positive Interpretation von Situationen: Die positive Neubewertung beinhaltet die Neubewertung negativer Situationen in einem positiven Licht. Anstatt sich nur auf Schwierigkeiten und Nachteile zu konzentrieren, versuchen wir, die positiven und bedeutungsvollen Aspekte der herausfordernden Erfahrung zu identifizieren.

Gewinnung wertvoller Lektionen: Die Praxis der positiven Neubewertung ermöglicht es uns, wertvolle Lektionen aus unseren herausfordernden Erfahrungen zu ziehen. Wir können etwas über unsere eigenen Stärken und Schwächen, unsere Werte und darüber lernen, wie wir in der Zukunft ähnlichen Situationen effektiver begegnen können.

Aufbau von Widerstandsfähigkeit: Durch die Neubewertung von Widrigkeiten als Lernmöglichkeit entwickeln wir Widerstandsfähigkeit. Dies stärkt uns emotional für zukünftige Herausforderungen, da wir jede schwierige Situation als Sprungbrett für unsere Entwicklung sehen.

Änderung der inneren Erzählung: Durch die Änderung unserer Interpretation eines Rückschlags können wir unsere innere Erzählung verändern. Von einer negativen

Perspektive aus können wir die Situation als eine Chance zum Wachstum betrachten, indem wir unsere Sicht auf uns selbst und die Welt neu ausrichten.

Finden von Lichtpunkten in dunklen Situationen: Die positive Neubewertung hilft uns, auch in den dunkelsten Situationen Lichtpunkte zu finden. Dies kann ein unerwarteter Lernerfolg, eine tiefere Verbindung zu anderen oder ein tieferes Verständnis von uns selbst sein. Diese Lichtpunkte geben uns Hoffnung und Motivation, weiterzumachen.

Steigerung des emotionalen Wohlbefindens: Durch die Annahme einer positiven Perspektive erleben wir eine Steigerung des emotionalen Wohlbefindens. Dies kann eine Steigerung des Glücks, eine Verringerung des Stresses und ein Gefühl des inneren Friedens selbst angesichts von Widrigkeiten umfassen.

Anwendung in verschiedenen Lebensbereichen: Die positive Neubewertung kann in verschiedenen Lebensbereichen wie Beziehungen, Karriere, Gesundheit und persönlichen Herausforderungen angewendet werden. Es ist ein vielseitiges Werkzeug, das uns hilft, den Stürmen des Lebens mit Widerstandsfähigkeit und Optimismus zu begegnen.

Zusammenfassend ist die positive Neubewertung eine wertvolle Fähigkeit, die es uns ermöglicht, Herausforderungen in Chancen zu verwandeln. Es handelt sich um einen leistungsstarken Mechanismus für persönliches Wachstum, der es uns ermöglicht,

Bedeutung und Stärke in herausfordernden Erfahrungen zu finden und unabhängig von den Umständen zu wachsen und aufzublühen.

Posttraumatisches Wachstum

Posttraumatisches Wachstum ist ein psychologisches Phänomen, bei dem eine Person nach dem Erleben eines Traumas oder eines äußerst stressigen Ereignisses nicht nur emotional genesen kann, sondern aufgrund der Erfahrung auch wachsen und reifen kann. Lassen Sie uns diese bemerkenswerte Fähigkeit, Widerstände in Wachstum zu verwandeln, im Detail erkunden:

Widerstandsfähigkeit als Transformationskatalysator: Trauma kann als Katalysator für eine tiefgreifende Transformation im Leben einer Person wirken. Indem sie äußerst stressige Erfahrungen bewältigen, finden einige Menschen eine bisher unbekannte innere Stärke und entwickeln einen neuen Lebenszweck und eine neue Lebensperspektive.

Perspektivenänderung: Posttraumatisches Wachstum ist oft mit einer signifikanten Änderung der Perspektive verbunden. Die betroffene Person beginnt, die Welt anders zu sehen und schätzt mehr die kleinen Dinge, zwischenmenschliche Beziehungen und das Leben selbst.

Lebens- und Beziehungsappreciation: Nach einem Trauma wird das Leben und zwischenmenschliche Beziehungen tiefer geschätzt. Die Person kann lernen, das alltägliche Leben zu schätzen, indem sie dessen

Zerbrechlichkeit erkennt und gleichzeitig authentischere und bedeutungsvollere Beziehungen pflegt.

Gesteigerte Widerstandsfähigkeit: Das Bewältigen und Überwinden eines Traumas kann die Widerstandsfähigkeit der Person stärken. Sie kann effektivere Bewältigungsfähigkeiten entwickeln, was ihr hilft, besser mit zukünftigen Herausforderungen und Belastungen umzugehen.

Mehr Empathie und Mitgefühl: Trauma kann die Person für das Leiden anderer sensibilisieren. Sie kann ein größeres Maß an Empathie und Mitgefühl entwickeln, indem sie persönlichen Schmerz in eine Motivation umwandelt, anderen zu helfen und sie zu unterstützen.

Spirituelles Wachstum: Einige Menschen erfahren nach einem Trauma spirituelles Wachstum, indem sie Antworten oder Bedeutung in spirituellen Dimensionen ihres Lebens finden. Dies kann Trost und Stärke auf dem Weg der Genesung bieten.

Akzeptanz der Vergänglichkeit: Trauma kann lehren, die Vergänglichkeit des Lebens und die Zerbrechlichkeit des Menschseins anzunehmen. Diese Akzeptanz kann zu einer ruhigeren Einstellung zu Lebenssituationen führen und das Verständnis fördern, dass alle Dinge, ob gut oder schlecht, vorübergehend sind.

Entwicklung neuer Lebensziele: Nach einem Trauma kann die Person ihre Lebensziele und -wünsche neu formulieren. Sie kann eine neue Richtung einschlagen, die oft stärker mit ihren Werten und authentischen Wünschen in Einklang steht.

Das posttraumatische Wachstum verdeutlicht die bemerkenswerte menschliche Widerstandsfähigkeit und die Fähigkeit, selbst die verheerendsten Erfahrungen in Chancen für Wachstum und Stärkung zu verwandeln. Indem man aus der Vergangenheit lernt und eine positivere und mitfühlendere Sichtweise kultiviert, ist es möglich, aus einem Trauma nicht nur zu überleben, sondern wirklich zu wachsen und zu gedeihen.

Verbesserung der Widerstandsfähigkeit durch Widrigkeiten

Sich Widrigkeiten zu stellen und sie zu überwinden ist eine Reise, die unsere Widerstandsfähigkeit stärken und unseren Charakter festigen kann. Jede Herausforderung birgt eine wertvolle Gelegenheit für Wachstum und die Entwicklung wichtiger Fähigkeiten. Lassen Sie uns weitere Details dazu erkunden, wie Widrigkeiten zu einem Mittel des Wachstums und der Entwicklung werden können:

Entwicklung der Widerstandsfähigkeit: Widerstandsfähigkeit ist die Fähigkeit, sich an Herausforderungen und Widerwärtigkeiten anzupassen und sich zu erholen. Widrigkeiten bieten die Gelegenheit, diese lebenswichtige Fähigkeit zu stärken und uns zuversichtlicheren Umgang mit zukünftigen Herausforderungen zu ermöglichen.

Lernen und Anpassen: Jede Herausforderung bringt wertvolle Lektionen mit sich. Wir können aus unseren Fehlern und Schwierigkeiten lernen, uns an die Umstände anpassen und unsere Herangehensweise an zukünftige ähnliche Situationen anpassen.

Erweiterung der emotionalen Fähigkeiten: Widrigkeiten setzen uns oft einer breiten Palette von Emotionen aus. Das Erkennen, Verstehen und Verwalten dieser Emotionen ist ein wesentlicher Teil persönlichen Wachstums, der uns emotional intelligenter und widerstandsfähiger machen kann.

Kultivierung von Entschlossenheit und Ausdauer: Das Bewältigen von Widrigkeiten fordert uns heraus, trotz Hindernissen zu beharren und Entschlossenheit zu bewahren. Dieses Kultivieren von Ausdauer kann unsere Denkweise stärken und uns helfen, langfristige Ziele zu erreichen.

Aufbau von Autonomie: Widrigkeiten setzen uns oft in Situationen, in denen wir Entscheidungen treffen und Verantwortung für unser Handeln übernehmen müssen. Dies kann die Entwicklung von Autonomie und Selbstvertrauen in unsere Fähigkeiten fördern.

Förderung des persönlichen Wachstums: Durch die Bewältigung von Herausforderungen können wir auf vielfältige Weise persönlich wachsen, wie beispielsweise eine Steigerung unseres Selbstbewusstseins, die Stärkung unserer Werte und die Findung eines tieferen Lebenszwecks.

Aufbau von Problemlösungsfähigkeiten: Widrigkeiten fordern uns heraus, Probleme auf innovative und effektive Weise zu lösen. Wir entwickeln Problemlösungsfähigkeiten, die in verschiedenen Bereichen unseres Lebens angewendet werden können.

Stärkung von Beziehungen: Das Bewältigen von Herausforderungen kann eine Gelegenheit schaffen, unsere Beziehungen zu stärken. Das Teilen schwieriger Erfahrungen mit Freunden, Familienmitgliedern oder Unterstützungsgruppen kann tiefere Verbindungen schaffen.

Widrigkeiten sind nicht nur eine Prüfung; sie sind ein anspruchsvoller Lehrer, der uns herausfordert, zu wachsen und unsere Fähigkeiten zu verbessern. Wenn wir Herausforderungen konstruktiv bewältigen und aus ihnen lernen, bereiten wir uns auf eine zukünftige, widerstandsfähigere und erfüllendere Reise vor. Die Reise auf dem Pfad der Widerstandsfähigkeit beginnt mit der Anerkennung des Wachstumspotenzials, das jede Herausforderung birgt.

Akzeptanz der Vergänglichkeit

Die Akzeptanz der Vergänglichkeit ist eine mächtige Lebensphilosophie, die erkennt, dass alles ständigen Veränderungen unterworfen ist. Vertiefen wir unser Verständnis dieses Konzepts und wie es unseren Umgang mit dem Leben positiv beeinflussen kann:

Konzept der Vergänglichkeit: Die Vergänglichkeit ist die flüchtige und veränderliche Natur aller Dinge. Nichts bleibt gleich und ewig; alles unterliegt Veränderungen, von den einfachsten Ereignissen bis zu den großen Lebensphasen.

Balance in Veränderungen: Die Akzeptanz der Vergänglichkeit hilft uns, unsere Emotionen und Einstellungen gegenüber Veränderungen auszubalancieren. Anstatt Veränderungen zu widerstehen oder sich vor ihnen zu fürchten, lernen wir, mit ihnen zu fließen und unsere innere Gelassenheit zu bewahren.

Förderung der Akzeptanz: Die Akzeptanz der Vergänglichkeit erfordert die Pflege einer Einstellung der Akzeptanz gegenüber dem natürlichen Fluss des Lebens. Dies bedeutet, jeden Moment zu umarmen, unabhängig davon, ob er positiv oder negativ ist, als Teil der Lebensreise.

Verringerung des Leidens: Widerstand gegen die Vergänglichkeit kann zu Leiden führen. Ihre Akzeptanz hilft, dieses Leiden zu verringern, da wir verstehen, dass Glück und Traurigkeit vorübergehend sind und dass die Natur des Lebens zyklisch ist.

Gesunde Entfremdungshaltung: Das Verständnis der Vergänglichkeit führt zu einer gesunden Entfremdungshaltung. Wir klammern uns nicht übermäßig an irgendetwas, da wir wissen, dass sich alles ändern kann. Dies befreit den Geist von den Klauen der Angst und der Sorge.

Widerstandsfähigkeit gegenüber Veränderungen: Die Akzeptanz der Vergänglichkeit hilft bei der Entwicklung von Widerstandsfähigkeit. Wir sind besser in der Lage, mit den Veränderungen und Herausforderungen umzugehen, die das Leben uns präsentiert, da wir wissen, dass die gegenwärtige Situation nur eine Phase ist und überwunden werden kann.

Förderung der Wertschätzung: Indem wir wissen, dass nichts für immer währt, lernen wir, jeden gegenwärtigen Moment mehr zu schätzen. Wir schätzen gute Erfahrungen und lernen von Widrigkeiten, da wir wissen, dass sie alle Teil des natürlichen Flusses des Lebens sind.

Spiritualität und Lebensphilosophie: Die Akzeptanz der Vergänglichkeit ist eine grundlegende Grundlage in vielen spirituellen Traditionen und Lebensphilosophien. Sie ermutigt zur Suche nach innerem Frieden, Weisheit und Mitgefühl.

Frieden im gegenwärtigen Moment: Durch die Akzeptanz der Vergänglichkeit finden wir Frieden im gegenwärtigen Moment. Wir sind nicht besorgt über die Vergangenheit oder die Zukunft, da wir wissen, dass jeder Moment einzigartig und wertvoll ist.

Die Praxis der Akzeptanz der Vergänglichkeit hilft uns, mit mehr Anmut und Flexibilität zu leben, und ermöglicht unserer Lebensreise, natürlich zu fließen. Wir finden Zufriedenheit in der Gegenwart, unabhängig von dem, was die Zukunft bringen mag, und begrüßen

Veränderung als unausweichlichen und bereichernden Teil unserer Existenz.

Förderung der Widerstandsfähigkeit im Alltag

Die Widerstandsfähigkeit ist eine wertvolle Fähigkeit, die uns hilft, den Herausforderungen des Lebens mit Stärke und Anpassungsfähigkeit zu begegnen. Lassen Sie uns praktische Möglichkeiten erkunden, um die Widerstandsfähigkeit in unserem Alltag zu fördern, um besser auf schwierige Zeiten vorbereitet zu sein:

Selbstbewusstsein und Selbstmanagement: Das Kennen unserer Emotionen, Gedanken und Reaktionen ist der erste Schritt, um die Widerstandsfähigkeit zu fördern. Indem wir uns selbst bewusst sind, können wir unsere Emotionen effektiv während der Herausforderungen bewältigen.

Setzen realistischer Ziele: Das Festlegen realistischer und erreichbarer Ziele hilft uns, den Fokus und die Motivation aufrechtzuerhalten. Wenn wir diese Ziele erreichen, stärken wir unseren Glauben an unsere Fähigkeit, Herausforderungen zu bewältigen.

Entwicklung von Problemlösungsfähigkeiten: Wir lernen, Probleme strukturiert und effektiv anzugehen, um konstruktive Lösungen zu finden. Diese Fähigkeit ist entscheidend, um Herausforderungen auf produktive Weise anzugehen.

Aufbau eines Unterstützungsnetzwerks: Die Pflege positiver und unterstützender Beziehungen ist entscheidend. Ein Netzwerk von Freunden, Familie oder Kollegen, mit denen wir unsere Herausforderungen teilen können, bietet uns wertvolle Unterstützung.

Praxis von Dankbarkeit und Zufriedenheit: Die Konzentration auf das, was wir haben, und die Äußerung von Dankbarkeit hilft uns, eine positive Perspektive aufrechtzuerhalten. Dies stärkt uns emotional, um schwierigen Zeiten zu begegnen.

Annahme eines gesunden Lebensstils: Eine ausgewogene Ernährung, regelmäßige körperliche Aktivität und ausreichender Schlaf sind für die Widerstandsfähigkeit unerlässlich. Ein gesunder Körper hilft dabei, einen ausgeglichenen und widerstandsfähigen Geist aufrechtzuerhalten.

Pflege von Hobbys und Interessen: Die Pflege von Aktivitäten, die uns begeistern, kann eine große Entlastung von Stress und dem täglichen Druck bieten. Diese Aktivitäten bieten uns eine Ventil und die Möglichkeit, unsere Energie zu erneuern.

Förderung mentaler Flexibilität: Das Leben ist unsicher und verläuft oft nicht nach Plan. Das Erlernen von Anpassungsfähigkeit und Flexibilität in verschiedenen Situationen ist ein Schlüsselmerkmal der Widerstandsfähigkeit.

Suche nach kontinuierlichem Lernen: Offenheit für das Lernen und Wachsen ist entscheidend. Jede Erfahrung, sei sie gut oder schlecht, lehrt uns etwas. Die

Extraktion von Lektionen aus Herausforderungen macht uns stärker.

Praxis von Achtsamkeit und Meditation: Meditation und die Praxis der Achtsamkeit können dazu beitragen, den Geist zu beruhigen und unsere Fähigkeit, mit Stress und Widrigkeiten umzugehen, zu stärken.

Aufrechterhaltung einer positiven Einstellung: Das Aufrechterhalten einer positiven Einstellung, auch in schwierigen Zeiten, kann einen großen Unterschied machen. Optimismus hilft uns, Herausforderungen mit Widerstandsfähigkeit und Entschlossenheit zu bewältigen.

Anerkennung und Akzeptanz von Emotionen: Das Akzeptieren und Verarbeiten unserer Emotionen, auch der negativen, ist entscheidend. Dies hilft uns, nicht überwältigt zu werden und ein tieferes Verständnis für uns selbst zu entwickeln.

Das Kultivieren der Widerstandsfähigkeit im Alltag hilft nicht nur dabei, unmittelbare Herausforderungen zu bewältigen, sondern stärkt uns auch für zukünftige Herausforderungen selbstbewusster und ausgeglichener. Es handelt sich um einen proaktiven Ansatz, um ein erfülltes und sinnvolles Leben zu führen, unabhängig von den Umständen.

In diesem Kapitel sind wir tief in die emotionale Widerstandsfähigkeit eingetaucht, um zu erkunden, wie sie im Laufe der Zeit entwickelt und kultiviert werden kann. Widerstandsfähigkeit ist keine angeborene

Qualität, sondern eine Fähigkeit, die genährt und gestärkt werden kann. Wir haben entdeckt, dass Selbstkenntnis, starke Unterstützungsnetzwerke, kognitive Flexibilität, Zielsetzung und die Pflege der körperlichen Gesundheit die Grundlagen der Widerstandsfähigkeit bilden.

Zusätzlich haben wir besprochen, wie die wahre Magie der Widerstandsfähigkeit auftritt, wenn wir Widrigkeiten in persönliches Wachstum umwandeln. Positive Neubewertung, posttraumatisches Wachstum und die Fähigkeit, die Widerstandsfähigkeit durch Widrigkeiten zu stärken, sind die Säulen dieses Transformationsprozesses.

Jetzt, da wir unsere Reise zur Entwicklung der Widerstandsfähigkeit abgeschlossen haben, sind wir bereit, voranzuschreiten und zu erkunden, wie unser Lebensstil und Wohlbefinden eine entscheidende Rolle für unsere geistige und emotionale Gesundheit spielen. Das nächste Kapitel wird uns auf eine Reise zu Entscheidungen und Gewohnheiten führen, die unser Glück, Gleichgewicht und anhaltende geistige Gesundheit fördern. Wir werden lernen, wie wir unseren Körper und Geist pflegen können, um ein erfülltes und sinnvolles Leben aufzubauen.

10

LIFESTYLE UND WOHLBEFINDEN

Jede Wahl ist eine leere Leinwand; malen Sie Ihr Bild des Friedens, indem Sie Ihr Leben mit Wohlbefinden ausmalen.

Die Lebensweise, die wir wählen, und die Praktiken, die wir täglich in unser Leben integrieren, haben einen tiefgreifenden Einfluss auf unsere körperliche und geistige Gesundheit. Von der Nahrung, die wir wählen, bis hin zu unserer Bewältigung von Stress, formt jede Entscheidung unsere Lebensqualität und unsere Fähigkeit, mit Angst umzugehen.

In diesem Kapitel werden wir in praktische Strategien eintauchen, um einen gesünderen und weniger ängstlichen Lebensstil zu fördern. Wir werden die Bedeutung einer ausgewogenen Ernährung und körperlicher Aktivität behandeln und Einblicke darüber geben, wie diese grundlegenden Elemente starke Verbündete in der Angstbewältigung sein können.

Erfahren Sie, wie kleine Veränderungen in Ihrer täglichen Routine, bewusste Ernährungsentscheidungen und regelmäßige körperliche Aktivitäten einen großen Unterschied auf Ihrem Weg zu emotionaler und körperlicher Gesundheit bewirken können.

STRATEGIEN ZUR FÖRDERUNG EINES GESÜNDEREN UND WENIGER ÄNGSTLICHEN LEBENSSTILS

Die Förderung eines gesunden und weniger ängstlichen Lebensstils ist eine Verpflichtung sich selbst gegenüber, um das Wohlbefinden in allen Lebensbereichen zu kultivieren. Dies sind praktische Strategien, die Ihnen helfen werden, das gewünschte Gleichgewicht zu erreichen.

Regelmäßige körperliche Aktivität

Körperliche Aktivität ist ein mächtiger Verbündeter auf dem Weg zu einem Leben mit weniger Angst. Ob durch morgendliches Joggen, eine belebende Yoga-Stunde oder einen einfachen Spaziergang im Park - Bewegung setzt Endorphine frei, Neurotransmitter, die für das Wohlgefühl verantwortlich sind. Führen Sie eine körperliche Aktivität ein, die Ihnen Freude bereitet, in Ihre tägliche Routine ein, und genießen Sie die physischen und mentalen Vorteile.

Meditation und Entspannungspraktiken

Meditieren und Entspannungstechniken wie tiefe Atmung und Achtsamkeit sind Balsam für den ängstlichen Geist. Widmen Sie einige Minuten täglich, um sich von der äußeren Welt zu trennen und sich mit sich selbst zu verbinden. Indem Sie den Geist beruhigen und das Tempo verlangsamen, finden Sie Klarheit und inneren Frieden.

Ausgewogene Ernährung

Unsere Ernährung spielt eine entscheidende Rolle für unsere mentale Gesundheit. Entscheiden Sie sich für eine ausgewogene und nährstoffreiche Ernährung, die aus Obst, Gemüse, Vollkornprodukten, magerem Eiweiß und gesunden Fetten besteht. Vermeiden Sie verarbeitete Lebensmittel, übermäßigen Zucker und Koffein, da sie Angstsymptome auslösen oder verschlimmern können.

Qualitativ hochwertiger Schlaf

Schlaf ist ein entscheidender Bestandteil der mentalen Gesundheit. Legen Sie eine regelmäßige Schlafenszeit fest, schaffen Sie eine schlaffördernde Umgebung und vermeiden Sie Stimulanzien vor dem Schlafengehen. Ein erholsamer Schlaf trägt dazu bei, Körper und Geist zu erneuern und stärkt Ihre Fähigkeit, den Tag mit Gelassenheit zu bewältigen.

Stressbewältigung

Die Fähigkeit, Stress zu bewältigen, ist eine wertvolle Fertigkeit für ein Leben mit weniger Angst. Organisieren Sie Ihre Zeit effektiv, lernen Sie, Aufgaben zu delegieren, und praktizieren Sie Entspannungstechniken. Wissen Sie, wann Sie Nein sagen müssen, und reservieren Sie Zeit für entspannende Aktivitäten.

Freizeitaktivitäten

Gönnen Sie sich Freizeitmomente für Aktivitäten, die Sie lieben. Malen, Lesen, Gärtnern, Musik oder jedes

Hobby, das Sie von den alltäglichen Sorgen ablenkt, sind Ventile für Stress und Angst.

Erstellung eines strukturierten Tagesablaufs

Legen Sie einen strukturierten Tagesablauf fest, der Mahlzeiten, Bewegung, Arbeit, Freizeit und Schlafzeiten einschließt. Vorhersehbarkeit und Organisation können dazu beitragen, die Angst zu reduzieren und ein Gefühl der Kontrolle zu vermitteln.

Aufbau sozialer Beziehungen

Das Pflegen gesunder und bedeutsamer Beziehungen ist für das emotionale Wohlbefinden entscheidend. Teilen Sie Ihre Erfahrungen mit Freunden und Familie, nehmen Sie an Gruppen mit gemeinsamen Interessen teil und bieten Sie anderen Ihre Unterstützung an. Sozialer Rückhalt kann Ängste lindern und ein Sicherheitsnetz schaffen.

Lernen und persönliches Wachstum

Die Investition in Ihre persönliche Entwicklung ist ein Schritt zu einem erfüllteren und weniger ängstlichen Leben. Setzen Sie erreichbare Ziele, die Sie dazu motivieren, zu wachsen und sich weiterzuentwickeln. Die kontinuierliche Suche nach Lernen und Wachstum verleiht ein Gefühl von Zweck und Zufriedenheit.

Dankbarkeit und Optimismuspraxis

Die tägliche Praxis der Dankbarkeit ist ein mächtiges Gegenmittel gegen Angst. Erkennen Sie die positiven

Dinge in Ihrem Leben an und zeigen Sie Dankbarkeit. Die Kultivierung einer optimistischen Perspektive, die sich auf Lösungen anstelle von Problemen konzentriert, verändert Ihre Art und Weise, das Leben zu bewältigen, und trägt zur Reduzierung der Angst bei.

Durch die Umsetzung dieser Strategien in Ihrem Alltag bauen Sie einen gesünderen und weniger ängstlichen Lebensstil auf, fördern ein wesentliches Gleichgewicht von Körper, Geist und Seele. Denken Sie daran, dass das Wohlbefinden eine kontinuierliche Reise ist, und jeder Schritt, den Sie in Richtung eines gesünderen Lebensstils unternehmen, ist ein Schritt zu einem erfüllteren und ruhigeren Leben.

DIE BEDEUTUNG EINER AUSGEWOGENEN ERNÄHRUNG UND KÖRPERLICHER AKTIVITÄTEN ZUR BEWÄLTIGUNG VON ÄNGSTEN

Wir leben in einer Zeit, in der das hektische Tempo des täglichen Lebens uns oft in einem Zyklus von Stress und Angst gefangen hält. Inmitten dieser herausfordernden Realität ist die Anerkennung der Bedeutung einer ausgewogenen Ernährung und regelmäßiger körperlicher Aktivitäten entscheidend, um nicht nur unsere körperliche Gesundheit, sondern auch unsere geistige Gesundheit zu erhalten.

Einfluss der Ernährung auf Ängste

Die Beziehung zwischen Ernährung und Angst ist tiefgreifend. Lebensmittel, die reich an einfachen Zuckern und Transfetten sind, können Blutzuckerschwankungen auslösen, die die Stimmung beeinflussen und die Angst steigern. Andererseits kann eine Ernährung reich an Obst, Gemüse, Vollkornprodukten und magerem Eiweiß die notwendigen Nährstoffe für die mentale Ausgeglichenheit liefern.

Serotonin, ein Neurotransmitter, der mit Wohlbefinden und Stimmung in Verbindung gebracht wird, kann von der Ernährung beeinflusst werden. Tryptophan, eine Vorläufersubstanz von Serotonin, findet sich in Lebensmitteln wie Nüssen, Samen, Hülsenfrüchten und Fisch, und die Einführung dieser Lebensmittel in Ihre Ernährung kann dazu beitragen, die Stimmung und die Angst zu regulieren.

Vorteile körperlicher Aktivitäten bei Ängsten

Körperliche Aktivitäten sind eine der effektivsten Methoden zur Reduzierung von Angstzuständen. Während des Trainings setzt unser Körper Endorphine frei, chemische Substanzen im Gehirn, die als natürliche Schmerzmittel und Stimmungsstabilisatoren wirken. Darüber hinaus hilft Bewegung, die Produktion von Cortisol, dem Stresshormon, zu reduzieren.

Neben den chemischen Auswirkungen steht regelmäßige Bewegung auch in direktem Zusammenhang mit einer besseren Schlafqualität, was für die Bewältigung von Angstzuständen unerlässlich ist. Ausreichender Schlaf erneuert Körper und Geist und bereitet uns darauf vor, den Tag ruhiger und mit mentaler Klarheit zu bewältigen.

So integrieren Sie eine ausgewogene Ernährung und körperliche Aktivitäten in Ihren Alltag

Die Integration einer ausgewogenen Ernährung und körperlicher Aktivitäten in unseren Alltag kann anfangs herausfordernd erscheinen, ist jedoch mit einer schrittweisen und konsistenten Herangehensweise völlig machbar. Beginnen Sie mit kleinen Veränderungen in Ihrer Ernährung, indem Sie mehr gesunde Lebensmittel einführen und schädliche reduzieren. Gleiches gilt für das Ausprobieren verschiedener Arten von Übungen, bis Sie diejenigen finden, die Ihnen gefallen und in Ihr Leben passen.

Die Konsultation eines Ernährungsberaters oder Gesundheitsfachmanns ist eine hervorragende Möglichkeit, spezifische Anleitungen für eine ausgewogene Ernährung zu erhalten, die Ihren Bedürfnissen entspricht. Für das Training kann die Beratung eines Personal Trainers für einen maßgeschneiderten Plan eine ausgezeichnete Option sein.

Die Suche nach Balance

Das richtige Gleichgewicht zwischen einer ausgewogenen Ernährung und regelmäßiger körperlicher Betätigung zu finden, ist eine individuelle Suche. Jeder Mensch ist einzigartig und seine Bedürfnisse variieren. Versuchen Sie verschiedene Ansätze, hören Sie auf Ihren Körper und passen Sie sich nach Bedarf an. Bedenken Sie, dass übermäßiger Druck, Ihre Ernährung drastisch zu ändern oder sich intensiv zu bewegen, die Angst verstärken kann. Kontinuität und Maß sind entscheidend, um einen gesunden Lebensstil zu erreichen und aufrechtzuerhalten.

Indem Sie eine ausgewogene Ernährung und regelmäßige körperliche Betätigung priorisieren, investieren Sie wertvoll in Ihre körperliche und geistige Gesundheit. Diese bewussten Entscheidungen können eine bedeutende Rolle bei der Bewältigung von Angstzuständen spielen und auf dem Weg zu einem erfüllten und ausgewogenen Leben sein. Also machen Sie weiter, übernehmen Sie gesunde Gewohnheiten und genießen Sie die dauerhaften Vorteile, die sie für Ihr Wohlbefinden bieten können.

In diesem Kapitel haben wir die vitale Bedeutung eines ausgewogenen Lebensstils für die Bewältigung von Angstzuständen erforscht. Wir haben festgestellt, dass unsere Ernährung und körperliche Aktivität nicht nur einen tiefgreifenden Einfluss auf unsere körperliche Gesundheit haben, sondern auch auf unser geistiges Wohlbefinden. Eine ausgewogene Ernährung, die reich an essentiellen Nährstoffen ist, in Kombination mit regelmäßiger körperlicher Betätigung, kann ein großer Verbündeter auf dem Weg zu einem weniger ängstlichen und erfüllteren Leben sein.

Denken Sie daran, es geht nicht um Perfektion, sondern um Balance. Es geht darum, bewusste Entscheidungen zu treffen, positive Veränderungen allmählich in unsere tägliche Routine zu integrieren. Wenn wir unseren Körper pflegen, nähren wir auch unseren Geist. Indem wir eine gesunde Ernährung und körperliche Aktivität in unser tägliches Leben integrieren, machen wir konkrete Schritte hin zu einem Zustand des Gleichgewichts und des Wohlbefindens.

Im nächsten Kapitel werden wir ein Thema erkunden, das in unserer heutigen Welt immer präsenter wird: die Technologie. In einer digitalisierten und vernetzten Welt kann Technologie einen signifikanten Einfluss auf unsere psychische Gesundheit haben, einschließlich Angstzuständen. Wir werden erforschen, wie übermäßige Gerätenutzung, soziale Medien und die ständige Exposition gegenüber der digitalen Welt unsere emotionale Gesundheit beeinflussen können. Darüber hinaus werden wir Strategien und Praktiken diskutieren, die es uns ermöglichen, Technologie bewusst und zum Wohl unserer psychischen Gesundheit zu nutzen, während wir ein gesundes Gleichgewicht zwischen Online- und Offline-Leben suchen.

11
TECHNOLOGIE UND ANGST

Meistern Sie die Kunst der digitalen Präsenz und bringen Sie sie in Einklang mit der Gelassenheit der realen Welt.

Wir leben in einer Zeit, in der die Technologie alle Aspekte unseres Lebens durchdringt. Vom Aufwachen bis zum Einschlafen sind wir ständig in der digitalen Welt eingetaucht. Technologische Innovationen haben Türen zu mehr Konnektivität, Effizienz und Bequemlichkeit geöffnet. Dennoch hat diese digitale Revolution auch eine Reihe von Herausforderungen mit sich gebracht, insbesondere im Hinblick auf unsere psychische Gesundheit. In diesem Kapitel werden wir in die Welt der Technologie eintauchen und ihren Einfluss auf Angst erforschen.

Sofortige Konnektivität und nahtloser Zugang zu Informationen haben ihre Vorteile, bringen aber auch eine Reihe von Bedenken für die psychische Gesundheit mit sich. Angst, eines der am weitesten verbreiteten Probleme in unserer modernen Welt, wird stark durch übermäßige und unangemessene Technologienutzung beeinflusst. Wir werden untersuchen, wie exzessiver Informationskonsum, sozialer Druck, digitale Isolation und die Abhängigkeit von elektronischen Geräten mit Angstzuständen verbunden sind.

Im Laufe dieses Kapitels werden wir die direkte Auswirkung übermäßiger Technologienutzung auf unsere psychische Gesundheit untersuchen. Wir werden analysieren, wie die Überlastung mit digitalen Informationen, ständige Vergleiche, der Mangel an persönlicher Interaktion und die Auswirkungen auf die Schlafqualität zur Angst und Stress beitragen können. Das Verständnis dieser Effekte ist entscheidend, um bedeutende Schritte zur Schaffung eines gesunden Gleichgewichts zwischen Technologie und unserem emotionalen Wohlbefinden zu unternehmen.

Neben der Identifizierung der Herausforderungen werden wir auch praktische und effektive Strategien zur Minderung der schädlichen Auswirkungen übermäßiger Technologienutzung vorstellen. Schließlich ist Technologie an sich nicht negativ; ihre bewusste und ausgewogene Verwendung kann vorteilhaft sein. Wir werden die Bedeutung der Festlegung klarer Grenzen, der digitalen Abschaltung, der Schaffung von Raum für nicht vernetzte Aktivitäten und der Förderung digitaler Achtsamkeit diskutieren. Diese Praktiken können uns dabei helfen, die Kontrolle über unsere Beziehung zur Technologie zurückzugewinnen und somit die mit ihr verbundene Angst zu lindern.

AUSWIRKUNGEN DES ÜBERMÄSSIGEN TECHNOLOGIEGEBRAUCHS AUF DIE ANGST

Die allgegenwärtige Präsenz und Nutzung von Technologie in der zeitgenössischen Gesellschaft haben eine breite Palette von Veränderungen und erheblichen Auswirkungen in verschiedenen Lebensbereichen des Menschen mit sich gebracht. Dennoch ist eine dieser Auswirkungen, die besondere Aufmerksamkeit verdient, die Wirkung des übermäßigen Technologiegebrauchs auf die Angst, einen Zustand, der Millionen von Menschen auf der ganzen Welt betrifft.

Informationsüberlastung und digitaler Stress

Das digitale Zeitalter hat eine unaufhörliche Flut von Informationen mit sich gebracht. Wir sind sekündlich einer Flut von Nachrichten, Social-Media-Updates, E-Mails, Sofortnachrichten und App-Benachrichtigungen ausgesetzt. Obwohl der leichte Zugang zu Informationen ein Segen ist, kann die Informationsüberlastung überwältigend sein. Der resultierende digitale Stress aufgrund dieses Informationsüberflusses kann zu Angst und Erschöpfung führen. Die Schwierigkeit, inmitten dieser Flut zu erkennen, was wichtig und relevant ist, kann ein Gefühl der Verzweiflung und der mangelnden Kontrolle erzeugen und die Angst verstärken.

Sozialer Vergleich und Unsicherheit

Soziale Netzwerke, obwohl sie eine Plattform für Verbindung und Austausch bieten, sind oft Bühnen für sozialen Vergleich. Die Exposition gegenüber den scheinbar perfekten Leben anderer kann ein Gefühl der Unzulänglichkeit und ein geringes Selbstwertgefühl fördern. Menschen neigen dazu, ihre Leben, ihr Aussehen, ihre Erfolge und Errungenschaften mit anderen zu vergleichen und schaffen einen ständigen und oft unrealistischen Wettbewerb. Dies kann zu Angst führen, da sich Menschen unter Druck gesetzt fühlen, unerreichbaren Standards gerecht zu werden.

Isolation und Abnahme von Face-to-Face-Interaktion

Obwohl wir digital stärker vernetzt sind, führt dies nicht zwangsläufig zu einer stärkeren emotionalen und sozialen Verbindung. Virtuelle, oft unpersönliche und oberflächliche Interaktionen ersetzen zunehmend tiefere und bedeutsamere Face-to-Face-Interaktionen. Die resultierende emotionale Isolation kann zu Einsamkeit und Angst führen. Der Mangel an echtem und tiefem menschlichem Kontakt kann Menschen das Gefühl geben, entfremdet und ängstlich zu sein, trotz der vermeintlich großen Präsenz in sozialen Netzwerken.

Auswirkungen auf die Schlafqualität

Die Gewohnheit, elektronische Geräte vor dem Schlafengehen zu benutzen, ist in der digitalen Ära verbreitet. Die Exposition gegenüber dem von diesen Geräten ausgestrahlten blauen Licht kann jedoch unseren Schlafzyklus stören. Die Schlafqualität ist entscheidend für die psychische Gesundheit, und ihre Unterbrechung aufgrund übermäßigen Technologiegebrauchs steht in enger Verbindung mit einer Zunahme von Angst und Stress. Schlafmangel kann die Anfälligkeit für Stress erhöhen und die Fähigkeit zur Bewältigung des täglichen Drucks verringern, was wiederum die Angst verstärkt.

Dies sind nur einige der schädlichen Auswirkungen des übermäßigen Technologiegebrauchs auf die Angst, die die dringende Notwendigkeit verdeutlichen, sich mit diesen Auswirkungen auseinanderzusetzen und sie zu mildern, um unsere psychische Gesundheit und unser Wohlbefinden zu erhalten.

STRATEGIEN ZUR BALANCIERUNG DER TECHNOLOGIENUTZUNG UND ZUR REDUZIERUNG DER ÜBERLASTUNG

Wir leben in einem digitalen Zeitalter, in dem Technologie zu einem wesentlichen Bestandteil unseres Lebens geworden ist. Dennoch ist es entscheidend für unsere psychische Gesundheit und unser Wohlbefinden, diese ständige Präsenz mit einem ausgewogenen und gesunden Leben in Einklang zu bringen. Hier sind Strategien, die dazu beitragen können, die Nutzung von Technologie zu balancieren und die damit verbundene Überlastung zu reduzieren:

Klare Grenzen setzen

Definieren Sie klare Grenzen für die Nutzung von Technologie in Ihrem täglichen Ablauf. Legen Sie spezifische Zeiten für Online-Aktivitäten und Technologiepausen fest, beispielsweise während der Mahlzeiten und vor dem Schlafengehen. Diese Grenzen helfen, übermäßige Nutzung zu verhindern und fördern eine gesündere Beziehung zu den Geräten.

Blockieren von schädlichen Inhalten und Personen

Verwenden Sie die verfügbaren Tools in sozialen Netzwerken und Apps, um Inhalte und Personen zu blockieren, die Ängste auslösen können. Sich vor negativen Inhalten zu schützen, ist eine wichtige Maßnahme zur Pflege Ihrer psychischen Gesundheit.

Digitales Abschalten praktizieren

Machen Sie regelmäßige Pausen, um sich vollständig von der Technologie abzukoppeln. Dies können einige Stunden am Tag oder bestimmte Tage in der Woche sein. Nutzen Sie diese Zeit, um wieder Kontakt zu Aktivitäten ohne Technologie und zu sich selbst aufzunehmen. Das digitale Abschalten ist entscheidend, um den mit der ständigen technologischen Exposition verbundenen Stress und die Angst zu lindern.

Raum für nicht vernetzte Aktivitäten schaffen

Nehmen Sie sich Zeit für Hobbys und Aktivitäten, die keine elektronischen Geräte einschließen. Dazu gehören Outdoor-Aktivitäten, das Lesen physischer Bücher, Kunst oder jede andere Tätigkeit, die es ermöglicht, sich von der digitalen Welt zu lösen. Diese Momente der Abkopplung sind entscheidend für unsere psychische Gesundheit und unser Wohlbefinden.

Digitales Bewusstsein üben

Seien Sie sich bewusst, wie Sie Technologie verwenden. Bevor Sie eine App oder Website öffnen, fragen Sie sich, ob sie in diesem Moment wirklich notwendig ist. Beschränken Sie sich auf Apps und Informationen, die für Ihr Leben nützlich und relevant sind. Das Vermeiden automatischer Technologienutzung kann Stress und Angst reduzieren.

Face-to-Face-Interaktionen fördern

Priorisieren Sie persönliche Kontakte und soziale Interaktionen außerhalb des Internets, wann immer möglich. Nehmen Sie sich Zeit, um mit Freunden und Familie zusammen zu sein, an sozialen Veranstaltungen teilzunehmen und sich in Gemeinschaftsaktivitäten zu engagieren. Face-to-Face-Interaktionen sind entscheidend für unsere psychische und emotionale Gesundheit.

Pflege Ihrer psychischen Gesundheit

Achten Sie auf Ihr psychisches Wohlbefinden. Wenn Sie feststellen, dass die Nutzung von Technologie sich negativ auf Ihre Angst oder psychische Gesundheit auswirkt, suchen Sie professionelle Hilfe bei einem Psychologen oder Therapeuten. Die Pflege unserer psychischen Gesundheit ist entscheidend, um die Herausforderungen im Zusammenhang mit der Technologie zu bewältigen.

Schaffen Sie einen ruhigen Raum

Richten Sie in Ihrem Zuhause einen Raum ein, in dem Technologie nicht erlaubt ist. Dies ist ein Ort, an dem Sie sich vollständig abkoppeln und sich der Ruhe und Gelassenheit hingeben können. Ein technologiefreier Ort hilft dabei, Momente der inneren Ruhe inmitten des digitalen Trubels zu finden.

Bewusste Atmung praktizieren

Wenn Sie das Gefühl haben, dass die Technologie Ängste auslöst, nehmen Sie sich einige Minuten für bewusste Atmung. Atmen Sie tief ein, halten Sie für einige Sekunden und atmen Sie langsam aus. Dies kann dazu beitragen, den Geist zu beruhigen und die mit übermäßiger Technologienutzung verbundene Angst zu reduzieren.

Obwohl die Technologie unglaubliche Fortschritte gebracht hat, kann ihre ständige Präsenz in unserem Leben auch Angst, Stress und andere emotionale Herausforderungen auslösen. In diesem Kapitel haben wir die Informationsüberlastung, den sozialen Vergleich, die Isolation und die Auswirkungen auf die Schlafqualität im digitalen Zeitalter behandelt.

Wir bieten jedoch auch einen umfassenden Satz von Strategien zur Balance der Technologienutzung und zur Reduzierung der Überlastung an. Diese Strategien umfassen das Festlegen klarer Grenzen, das Blockieren schädlicher Inhalte, das digitale Abschalten, das Schaffen von Raum für offline-Aktivitäten, das Bewusstsein für den Umgang mit der Technologie, die Förderung persönlicher Interaktionen, die Pflege der psychischen Gesundheit, das Schaffen einer ruhigen Umgebung und die Praxis der bewussten Atmung.

Indem Sie diese Strategien übernehmen und eine bewusste Beziehung zur Technologie entwickeln, können Sie die Herausforderungen des digitalen Zeitalters ausgewogener bewältigen und Ihre psychische Gesundheit und Ihr Wohlbefinden fördern.

Im nächsten Kapitel werden wir in einen Bereich eintauchen, der für unser emotionales Wohlbefinden entscheidend ist: Beziehungen und soziale Unterstützung. Unsere Interaktionen mit Freunden, Familie und Gemeinschaften spielen eine entscheidende Rolle für unsere psychische Gesundheit. Wir werden erkunden, wie das Aufbauen und Pflegen gesunder Beziehungen dazu beitragen kann, Ängste zu reduzieren, emotionale Unterstützung zu bieten und ein Sicherheitsnetz in schwierigen Zeiten zu schaffen.

12

BEZIEHUNGEN UND SOZIALE UNTERSTÜTZUNG

In jeder Verbindung finden wir Stärke; gemeinsam sind wir eine Symphonie, Harmonie im Kampf gegen die Angst.

Wir leben in einer vernetzten Welt, in der unsere Leben durch die Beziehungen verflochten sind, die wir auf unserem Weg knüpfen. Jede Verbindung, sei es mit Freunden, Familie, Kollegen oder sogar Fremden, trägt zum komplexen Netz unseres Lebens bei.

Beziehungen sind nicht nur oberflächliche Interaktionen; sie sind die Grundlage unserer Existenz. Von engen Bindungen zu denen, die unseren Alltag teilen, bis zu flüchtigen Begegnungen, die uns an unsere geteilte Menschlichkeit erinnern, formen Beziehungen unsere emotionale Welt. Und indem wir die komplexe Schnittstelle zwischen diesen Verbindungen und unserer Angst erforschen, versuchen wir zu verstehen, wie unsere zwischenmenschlichen Interaktionen das Gewicht von Sorge und Angst lindern oder verschlimmern können.

In diesem Kapitel tauchen wir tief in die Nuancen menschlicher Beziehungen ein. Wir untersuchen, wie emotionale Unterstützung eine Bastion gegen Angst sein kann, wie das Fehlen von Verbindungen Einsamkeit und

Unsicherheit schüren kann und wie Empathie und Verständnis in den dunkelsten Momenten Leitsterne sein können. Auf unserer Reise entdecken wir, dass während positive Beziehungen unsere Seele nähren und uns die Kraft geben, sich der Welt zu stellen, toxische Beziehungen unser Selbstvertrauen untergraben und Zweifel in unsere Herzen säen können.

Neben der Untersuchung des Einflusses von Beziehungen auf unsere Angst präsentieren wir auch leistungsstarke Strategien, um diese entscheidenden Verbindungen zu pflegen und zu stärken. Von offener Kommunikation bis hin zur Inanspruchnahme professioneller Hilfe, wenn nötig, sind wir dabei, das Arsenal der verfügbaren Werkzeuge zu enthüllen, um gesunde Beziehungen aufzubauen und die emotionale Unterstützung zu suchen, die wir alle benötigen.

DER EINFLUSS VON BEZIEHUNGEN AUF DIE ANGST

Die Bindungen, die wir im Laufe unseres Lebens zu anderen Menschen knüpfen, sind nicht nur soziale Verbindungen, sondern auch Fäden, die das Gewebe unserer geistigen Gesundheit weben. Auf der Suche, die komplexe Beziehung zwischen Beziehungen und Angst zu verstehen, enthüllen wir die erhebliche Auswirkung, die sie auf unseren emotionalen Zustand haben können. Von beruhigender Erleichterung bis hin zur Verschlimmerung unserer Ängste gestalten Beziehungen unsere

Erfahrungen mit Angst auf tiefgründige und vielfältige Weise. Wir werden untersuchen, wie Beziehungen unsere Angst beeinflussen können:

Emotionale Unterstützung und Angstreduktion

Gesunde Beziehungen, die auf Vertrauen, Respekt und gegenseitiger Unterstützung basieren, haben die Kraft, wie echte Gegengifte gegen Angst zu wirken. Jemanden zu haben, dem wir voll und ganz vertrauen können, mit dem wir unsere Sorgen und tiefsten Ängste teilen können, ist Balsam für die Angst. Emotionale Unterstützung gibt uns die Gewissheit, dass wir nicht alleine mit unseren Herausforderungen sind, und ermöglicht es uns, ihnen mit mehr Widerstandsfähigkeit und Hoffnung zu begegnen. Das Mitgefühl und die Ermutigung, die wir in bedeutsamen Beziehungen erhalten, können den inneren Sturm beruhigen und einen sicheren Hafen für unsere Qual bieten.

Toxische Beziehungen und Verschlimmerung der Angst

Während positive Beziehungen Trost bieten können, haben toxische Beziehungen die entgegengesetzte Kraft: Sie können unsere Angst verstärken. Umgebungen, in denen es an Unterstützung, Verständnis oder schlimmer noch, an emotionalem oder physischem Missbrauch mangelt, können Brutstätten für Stress und Angst sein. Die Identifizierung und spätere Distanzierung von diesen schädlichen Beziehungen ist entscheidend, um unsere geistige Gesundheit zu schützen. Das Beenden toxischer

Beziehungen ist ein Akt der Selbstliebe und ein entscheidender Schritt hin zu einem stabileren und ruhigeren emotionalen Zustand.

Einsamkeit und Angst

Einsamkeit kann ein fruchtbarer Boden für das Wachstum von Angst sein. Das Fehlen bedeutsamer sozialer Interaktionen und emotionaler Bindungen kann zu einem tiefen Gefühl der Isolation führen, was wiederum Angst auslösen kann. Es ist daher von entscheidender Bedeutung, gesunde Beziehungen zu pflegen und Zeit und Mühe in den Aufbau echter Verbindungen zu investieren. Diese Beziehungen können als Bollwerke gegen Einsamkeit und deren schädliche Auswirkungen auf unsere geistige Gesundheit dienen.

Empathie und Verständnis als Linderung der Angst

Beziehungen, die von Empathie, Verständnis und effektiver, offener Kommunikation geprägt sind, können wertvolle Erleichterung für die Angst bieten. Das Gefühl, wirklich verstanden und ohne Urteil gehört zu werden, kann die Last der Angst lindern. In solchen Beziehungen finden wir einen sicheren Raum, um unsere innersten Gedanken und Gefühle auszudrücken, was eine beruhigende Wirkung auf unsere unruhigen Köpfe haben kann.

STRATEGIEN ZUR PFLEGE VON GESUNDEN BEZIEHUNGEN UND ZUR ERLANGUNG VON EMOTIONALER UNTERSTÜTZUNG

Die Pflege gesunder Beziehungen und die Suche nach emotionaler Unterstützung sind entscheidende Fähigkeiten zur Verbesserung unserer geistigen Gesundheit und zur effektiven Bewältigung von Ängsten. Lassen Sie uns Strategien erkunden, die uns helfen können, unsere zwischenmenschlichen Verbindungen zu stärken und die notwendige Unterstützung zu suchen, wenn wir sie benötigen:

Klare und empathische Kommunikation

Kommunikation ist die Grundlage jeder gesunden Beziehung. Die Fähigkeit, unsere Gefühle, Bedürfnisse und Anliegen klar und respektvoll auszudrücken, ist entscheidend. Darüber hinaus kann aktiv zuzuhören, was andere zu sagen haben, indem wir Empathie und Verständnis zeigen, Missverständnisse verhindern, die oft zu Angstquellen werden. Klare und empathische Kommunikation ist der Grundstein für den Aufbau stabiler und gesunder Verbindungen.

Festlegen gesunder Grenzen

Das Festlegen gesunder Grenzen ist ein Akt der Selbstliebe und des gegenseitigen Respekts. Die Fähigkeit, "Nein" zu sagen, wenn nötig, und klare Grenzen dafür festzulegen, was in einer Beziehung akzeptabel ist und was nicht, ist entscheidend. Dies hilft dabei, ein ausgewogenes Gleichgewicht aufrechtzuerhalten, um Stress und Angst aufgrund von Respektlosigkeit oder Überlastung zu verhindern. Das Festlegen von Grenzen ist eine Form der Selbstfürsorge und unerlässlich für dauerhafte und gesunde Beziehungen.

Dankbarkeit und Wertschätzung zeigen

Die Äußerung von Dankbarkeit und Wertschätzung ist eine kraftvolle Möglichkeit, zwischenmenschliche Beziehungen zu stärken. Die Anerkennung der positiven Beiträge der Menschen in unserem Leben schafft eine Atmosphäre von Positivität und Harmonie. Dankbarkeit fördert einen sich selbst verstärkenden Kreislauf des emotionalen Wohlbefindens, stärkt unsere Beziehungen und trägt zu einem ausgewogeneren und weniger ängstlichen mentalen Zustand bei.

Empathie und aktives Verständnis

Empathie ist eine der wertvollsten Eigenschaften, die wir in unseren Beziehungen entwickeln können. Sich in die Lage anderer zu versetzen und sich um das Verständnis ihrer Gefühle und Perspektiven zu bemühen, ist eine mächtige Geste. Aktives Verständnis zeigt Fürsorge und echtes Interesse und schafft eine emotional nährende Umgebung, die Angst reduziert, indem sie einen sicheren Raum für die Äußerung unserer Gefühle bietet.

Förderung persönlichen Wachstums

Gesunde Beziehungen akzeptieren nicht nur, sondern fördern auch persönliches Wachstum. Die Unterstützung und Ermutigung der Ziele und Ambitionen anderer schafft die Grundlage für dauerhafte und erfüllende Beziehungen. Wenn wir das Wachstum der Menschen in unserem Leben unterstützen, bauen wir eine Gemeinschaft auf, in der alle die Möglichkeit haben, sich zu entwickeln und ihr volles Potenzial zu entfalten.

Professionelle Hilfe in Anspruch nehmen

Wenn die Angst überwältigend wird und unsere Lebensqualität beeinträchtigt, ist die Inanspruchnahme professioneller Hilfe ein entscheidender Schritt. Psychologen, Therapeuten und Berater stehen zur Verfügung, um Fachberatung und effektive Strategien zur Bewältigung von Ängsten anzubieten. Darüber hinaus können diese Fachleute uns bei der Verbesserung unserer Beziehungen unterstützen, indem sie entscheidende Unterstützung für unsere geistige Gesundheit bieten.

Teilnahme an sozialen und gemeinschaftlichen Aktivitäten

Die Teilnahme an sozialen und gemeinschaftlichen Aktivitäten ist eine ausgezeichnete Möglichkeit, bedeutsame Beziehungen aufzubauen und zu stärken. Die Anbindung an eine größere Gruppe und die Beteiligung an der Gemeinschaft schaffen nicht nur neue Freundschaften, sondern verleihen auch einen Sinn und Bedeutung. Die Beteiligung an gemeinsamen Anliegen und die Unterstützung des Wohlergehens der Gemeinschaft können Ängste reduzieren und unsere geistige Gesundheit stärken.

Förderung positiver Familienbeziehungen

Familiäre Bindungen sind ein Eckpfeiler unseres Lebens. Das Stärken dieser Beziehungen ist ein wesentlicher Teil der Pflege gesunder Beziehungen. Zeit und Mühe in die Aufrechterhaltung einer positiven Beziehung zu Familienmitgliedern zu investieren, kann eine bedeutende Quelle für emotionale Unterstützung sein. Eine vereinte und liebevolle Familie kann ein Zufluchtsort in Zeiten von Angst sein, der Trost und emotionale Unterstützung bietet.

In diesem Kapitel erkunden wir den tiefgreifenden Einfluss, den Beziehungen auf unsere Angst haben, und wie sie sowohl eine Quelle emotionaler Unterstützung als auch eine Quelle von Stress sein können. Wir lernen, dass, wenn sie auf gesunde Weise gepflegt werden, Beziehungen eine Schlüsselrolle bei der Angstreduktion spielen, indem sie emotionale Unterstützung, Empathie und Verständnis bieten. Gleichzeitig erkennen wir die Bedeutung der Festlegung von Grenzen und die Identifizierung toxischer Beziehungen, die Ängste verstärken können.

Die in diesem Kapitel besprochenen Strategien wie klare Kommunikation, Empathie, das Setzen gesunder Grenzen und die Suche nach persönlichem Wachstum bieten praktische Werkzeuge zur Verbesserung unserer Beziehungen und somit unserer geistigen Gesundheit.

Während wir voranschreiten, erinnern wir uns daran, dass unsere Verbindungen zu anderen Menschen eine wertvolle Ressource sind, um Ängsten zu begegnen und emotionale Unterstützung zu finden. Durch die Pflege gesunder Beziehungen und die Umsetzung dieser Strategien nehmen wir wichtige Schritte hin zu einem Leben mit weniger Angst und mehr emotionaler Ausgeglichenheit.

Im nächsten Kapitel werden wir die Bedeutung der Inanspruchnahme professioneller Hilfe bei der Bewältigung von Ängsten vertiefen. Wir werden die verschiedenen verfügbaren Ressourcen erkunden, von Psychologen und Therapeuten bis hin zu therapeutischen Ansätzen, die Fachberatung und effektive Strategien zur Bewältigung von Ängsten bieten können. Die Suche nach professioneller Hilfe ist ein entscheidender Schritt für viele Menschen, die emotionale Herausforderungen bewältigen, und dieses Kapitel wird wertvolle Informationen dazu liefern, wie man diesen wichtigen Schritt hin zu geistigem Wohlbefinden geht.

13
PROFESSIONELLE HILFE SUCHEN

In der Suche nach Licht finde den Mut; in der Stimme des Fachmanns entdecke deinen Weg zur Heilung.

Die Reise der Angst ist ein komplexer und oft herausfordernder Pfad, gespickt mit emotionalen Höhen und Tiefen, wirren Gedanken und Unsicherheiten, die den Horizont der geistigen Gesundheit trüben können. Angst kann sich auf verschiedene Weisen und in unterschiedlicher Intensität zeigen, und sie beeinflusst unsere Fähigkeit, das Leben zu genießen und alltägliche Aufgaben zu bewältigen. Es ist ein emotionaler Zustand, der nicht unterschätzt werden sollte, da er die Lebensqualität beeinträchtigen und sich auf unsere sozialen Interaktionen, unsere Arbeit und unsere persönlichen Beziehungen auswirken kann.

Es ist wichtig zu erkennen, dass die Bewältigung von Angst alleine überwältigend sein kann und oft ineffektiv ist. In manchen Momenten reicht die Unterstützung von Freunden und Familie nicht aus, um die Werkzeuge und Strategien bereitzustellen, die notwendig sind, um die Hindernisse zu überwinden, die die Angst in unserem Leben auferlegt. An diesem Punkt wird die Suche nach professioneller Hilfe entscheidend, um eine Wende hin zur emotionalen Gesundheit zu vollziehen.

Dieses Kapitel ist der Bedeutung der Inanspruchnahme professioneller Hilfe gewidmet, einschließlich Psychologen und Psychiatern, auf dem Weg zur Überwindung der Angst. Wir werden die Gründe erkunden, warum die Anleitung von Fachleuten einen signifikanten Unterschied machen kann, nicht nur bei der Linderung der Symptome, sondern auch beim tieferen Verständnis der Wurzeln der Angst. Wir werden die Tabus demystifizieren, die oft die Therapie umgeben, und ermutigen zu einem bewussteren und informierten Ansatz bei der Suche nach professioneller Hilfe.

DIE BEDEUTUNG DER INANSPRUCHNAHME PROFESSIONELLER HILFE

Angst ist ein komplexer Zustand, der sich in verschiedenen Formen und Intensitäten manifestieren kann und das Leben auf vielfältige Weise beeinflusst. Je präsenter und einschneidender die Angst wird, desto wichtiger wird die Inanspruchnahme professioneller Hilfe. Hier sind einige Gründe, warum die Unterstützung von Psychologen und Psychiatern so entscheidend ist:

Vertiefung des Verständnisses für die Angst

Fachleute im Bereich der psychischen Gesundheit verfügen über das nötige Wissen und die Erfahrung, um ein tieferes Verständnis für die Angst zu entwickeln. Sie können die Angst diagnostizieren und die spezifischen

Auslöser identifizieren, die in jedem Fall wirken. Mit diesem tieferen Verständnis können maßgeschneiderte und effektive Bewältigungsstrategien entwickelt werden.

Entwicklung maßgeschneiderter Strategien

Da jeder Mensch Angst auf einzigartige Weise bewältigt, ist ein personalisierter Behandlungsplan entscheidend, um die spezifischen Bedürfnisse und Herausforderungen jeder Person anzugehen. Fachleute im Bereich der psychischen Gesundheit können maßgeschneiderte Strategien erstellen, die Therapien, Entspannungsübungen, Bewältigungstechniken und in einigen Fällen Medikamente umfassen.

Zugang zu spezialisierten therapeutischen Techniken

Fachleute im Bereich der psychischen Gesundheit haben Zugang zu einer Vielzahl bewährter therapeutischer Techniken, die sich zur Behandlung von Angst als äußerst effektiv erwiesen haben. Diese Techniken umfassen die kognitive Verhaltenstherapie (KVT), Achtsamkeit, die Akzeptanz- und Commitment-Therapie (ACT) und viele andere Ansätze, die Linderung bieten und wertvolle Instrumente zur Bewältigung von Angst bereitstellen können.

Bereitstellung fachlicher Unterstützung

Fachliche Unterstützung ist entscheidend, um mit Angst umzugehen. Psychologen und Psychiater sind nicht nur geschult, um Anleitung und Strategien bereitzustellen, sondern auch, um emotionale Unterstützung zu bieten. Die Anwesenheit eines Fachmanns an Ihrer Seite kann einen erheblichen Unterschied auf Ihrem Weg zur Überwindung der Angst ausmachen.

Prävention und Bewältigung von Krisen

Profis im Bereich der psychischen Gesundheit sind darauf geschult, Anzeichen einer bevorstehenden Krise zu erkennen und bei der Verhinderung zu helfen. Sie können bei der Erstellung von Sicherheitsplänen und Strategien zur Vermeidung von Rückfällen oder zur Minimierung ihrer Auswirkungen unterstützen. Dies ist besonders wichtig für Menschen, die unter chronischer Angst oder Angststörungen leiden.

Letztendlich ist die Inanspruchnahme professioneller Hilfe bei Angst nicht nur ein Zeichen von Selbstfürsorge, sondern auch ein mutiger Schritt hin zu einem ausgewogeneren und glücklicheren Leben. Jeder Mensch ist einzigartig, und die Unterstützung durch einen Psychologen oder Psychiater kann die erforderliche Unterstützung bieten, um die Herausforderungen der Angst auf effektive und ermächtigende Weise zu bewältigen.

ENTMISTUNG VON TABUS IM ZUSAMMENHANG MIT THERAPIE

Es ist wichtig, die Tabus und Missverständnisse im Zusammenhang mit der Therapie zu entmystifizieren, da diese fehlerhaften Vorstellungen Menschen davon abhalten können, die Unterstützung zu suchen, die sie für ihre psychische Gesundheit benötigen. Lassen Sie uns einige dieser Mythen erkunden:

Therapie ist kein Zeichen von Schwäche

Eine der häufigsten und schädlichsten Tabus in Bezug auf die Therapie ist der Glaube, dass professionelle Hilfe suchen ein Zeichen von Schwäche ist. Dies ist jedoch weit von der Wahrheit entfernt. Hilfe zu suchen ist ein Zeichen von Stärke und Mut. Es ist ein Ausdruck von Selbstfürsorge und Entschlossenheit, die eigene psychische Gesundheit zu verbessern. Die Anerkennung, dass jeder im Laufe seines Lebens mit emotionalen Herausforderungen konfrontiert ist und dass professionelle Unterstützung eine kluge und entschlossene Entscheidung ist, ist ein wesentlicher Schritt zur Entmystifizierung dieses Tabus.

Therapie ist nicht nur für schwere Probleme

Ein weiteres gängiges Missverständnis ist, dass Therapie nur für Menschen mit schwerwiegenden psychischen Problemen reserviert ist. Tatsächlich ist Therapie für jeden von Nutzen, der mit Stress, Angst,

Beziehungsproblemen, Lebensübergängen oder der Suche nach Selbsterkenntnis zu tun hat. Sie ist ein mächtiges Werkzeug zur Förderung des emotionalen Wohlbefindens in einer Vielzahl von Situationen. Jeder verdient es, sich um seine psychische Gesundheit zu kümmern, unabhängig von der Schwere des Problems.

Therapie ist kein endloser Prozess

Einige fürchten, dass sie, sobald sie eine Therapie beginnen, für immer in diesem Prozess stecken bleiben werden. Tatsächlich ist Therapie ein anpassbarer und flexibler Prozess. Ihr Ziel ist es, die erforderlichen Werkzeuge bereitzustellen, damit Sie emotional eigenständig bleiben können. Therapeuten sind da, um Ihnen bei der Erreichung Ihrer Ziele zu helfen und zu bestimmen, wann Sie bereit sind, weiterzumachen. Sie fördern Autonomie und kontinuierlichen Fortschritt. Die Therapie zielt darauf ab, Sie darauf vorzubereiten, zukünftigen Herausforderungen eigenständig und selbstbewusst zu begegnen.

Therapie beschränkt sich nicht nur darauf, über Probleme zu sprechen

Therapie geht über das einfache Sprechen über Ihre Probleme hinaus. Sie bietet einen sicheren und vertraulichen Raum, um Ihre Emotionen, Verhaltensweisen und Gedanken eingehend zu erforschen. Therapeuten bieten Anleitung, lehren Bewältigungsfähigkeiten, unterstützen bei der Entwicklung von Strategien zur effektiveren Bewältigung von Lebensherausforderungen und fördern die Selbsterkenntnis. Therapie ist ein Raum für persönliches Wachstum und emotionale Entwicklung und bietet einen Weg zu einem ausgewogeneren und bedeutungsvolleren Leben.

Professionelle Hilfe bei der Bewältigung von Angst zu suchen, ist ein entscheidender Schritt in Richtung eines ausgewogeneren und gesünderen Lebens. Dieses Kapitel hat die Bedeutung der Inanspruchnahme von Psychologen und Psychiatern hervorgehoben und darauf hingewiesen, dass dies kein Zeichen von Schwäche, sondern von Stärke und Entschlossenheit ist, sich um die psychische Gesundheit zu kümmern. Wir haben die mit der Therapie verbundenen Tabus entmystifiziert und betont, dass sie nicht nur für schwerwiegende Probleme gedacht ist und keinen endlosen Prozess darstellt. Therapie ist ein Raum für persönliches Wachstum, in dem maßgeschneiderte Strategien entwickelt werden und ein tiefes Verständnis für Angst erlangt wird.

Fachleute im Bereich der psychischen Gesundheit bieten nicht nur emotionale Unterstützung, sondern auch spezialisierte therapeutische Techniken zur Behandlung von Angst. Durch einen personalisierten Prozess helfen sie bei der Identifizierung von Auslösern und bei der Entwicklung von Strategien, die den einzigartigen Bedürfnissen jedes Einzelnen entsprechen. Darüber hinaus bieten sie Unterstützung zur Vorbeugung und Bewältigung von Krisen, was für Menschen, die an chronischer Angst oder damit verbundenen Störungen leiden, besonders wichtig ist.

Indem wir Missverständnisse beseitigen und die Suche nach professioneller Hilfe fördern, hoffen wir, die Therapie als wertvolles Instrument zur Bewältigung von Angst ins Auge gefasst zu haben. Durch sie ist es möglich, ein erfüllteres und ausgewogeneres Leben zu führen, das das emotionale Wohlbefinden fördert und die Lebensqualität verbessert. Die Reise zur Überwindung von Angst ist eine Reise des Muts, der Selbsterkenntnis und des Wachstums, und professionelle Hilfe kann ein wertvoller Wegweiser auf diesem Weg sein.

FAZIT

Am Ende dieser Reise durch "Angst-AG" ist es entscheidend, die Bedeutung des entschlossenen Umgangs mit Angst in unserem Leben zu wiederholen und zu betonen. Angst, mit ihren tiefgreifenden und oft komplexen Auswirkungen, kann unsere Erfahrungen und unsere Wahrnehmung der Welt formen. Es ist jedoch entscheidend zu bedenken, dass wir dieser Bedingung nicht schutzlos ausgeliefert sind. Jede Seite dieses Buches war ein Aufruf zur Aktion, eine Einladung, der Angst ins Gesicht zu sehen und sie nicht dominieren zu lassen.

Die zentrale Botschaft dieses Buches ist eine Botschaft der Hoffnung und Ermutigung. Es ist möglich, ein erfülltes Leben zu führen, auch in Anwesenheit von Angst. Sie ist keine unüberwindliche Hürde, sondern eine Herausforderung, die mit dem richtigen Ansatz bewältigt werden kann. Die Reise zu emotionaler Balance und innerem Frieden kann mit einem einfachen Schritt beginnen: der Suche nach Hilfe.

Denken Sie daran, Sie sind nicht allein, viele Menschen haben mit Angst zu kämpfen, und es gibt ein Unterstützungsnetzwerk, von Freunden und Familie bis hin zu Fachleuten im Bereich der psychischen Gesundheit, die bereit sind zu helfen. Mutig gegen Angst anzutreten, ist ein Akt der Selbstmitgefühl und Selbstinvestition.

Der Weg kann herausfordernd sein, mit Höhen und Tiefen, aber jeder Schritt, den Sie unternehmen, um Angst zu bewältigen, ist ein Schritt in Richtung eines gesünderen, ausgeglicheneren und erfüllteren Lebens. Denken Sie daran, Angst definiert nicht, wer Sie sind, sondern ist nur ein Teil Ihrer Erfahrung. Mit Entschlossenheit, effektiven Strategien und Unterstützung können Sie eine größere Kontrolle über Angst erlangen und ein sinnvolleres und glücklicheres Leben führen.

Also gehen Sie selbstbewusst voran und suchen Sie nach den Werkzeugen und der Unterstützung, die Sie benötigen. Angst kann herausfordernd sein, aber sie ist auch eine Gelegenheit zu wachsen, zu lernen und zu gedeihen. Ihre Reise zu einem ausgewogeneren Leben frei von Angst beginnt jetzt.

ÜBER DEN AUTOR

Leonardo Tavares trägt nicht nur die Last des Lebens, sondern auch die Weisheit, die er erlangt hat, indem er den Stürmen begegnete, die es mit sich brachte. Als Witwer und engagierter Vater einer bezaubernden Tochter namens Manuela hat er verstanden, dass die Reise des Daseins voller Höhen und Tiefen ist, eine Symphonie von Momenten, die unsere Essenz formen.

Mit einer Lebendigkeit, die seine Jugend übertrifft, hat Leonardo furchtbare Herausforderungen gemeistert, schwierige Phasen durchlebt und dunkle Tage durchstanden. Auch wenn der Schmerz sein Begleiter auf seinem Weg war, hat er diese Erfahrungen in Stufen verwandelt, die ihn an einen Ort der Gelassenheit und Widerstandsfähigkeit geführt haben.

Als Autor bemerkenswerter Selbsthilfewerke wie die inspirierenden Bücher "Angst-AG", "Die Trennung überwinden", "Kampf gegen Depressionen", "Heilung emotionaler Abhängigkeit", "Burnout besiegen", "Mit dem Scheitern konfrontiert", "Finden Sie die Liebe Ihres Lebens" und "Trauer überleben" fand er im Schreiben das Medium, um seine Lebenslektionen zu teilen und die Stärke weiterzugeben, die er in sich entdeckt hat. Durch seine klare und präzise Schreibweise hilft Leonardo seinen Lesern, in Momenten tiefer Traurigkeit Kraft, Mut und Hoffnung zu finden.

Helfen Sie anderen Menschen, indem Sie dieses Werk teilen.

LITERATUR

Barlow, D. (2022). Anxiety: The Cognitive Behavioral Approach. New York, NY: The Guilford Press.
Bourne, E. J. (2022). Anxiety and Phobia Workbook. New York, NY: New Harbinger Publications.
Burns, D. (2022). When Panic Attacks: The New, Drug-Free Way to Overcome Panic Disorder and Anxiety. New York, NY: Houghton Mifflin Harcourt.
Goldin, P. R., & Gross, J. J. (2022). The Mindful Path to Self-Compassion: Freeing Yourself from Negative Thoughts and Emotions. New York, NY: Guilford Press.
Hofmann, S. G., & Smits, J. A. (2022). The Anxiety and Phobia Workbook: A Cognitive-Behavioral Therapy Approach to Overcoming Anxiety and Phobias. New York, NY: Guilford Press.
Leahy, R. L. (2022). The Worry Cure: Seven Steps to Stop Worrying and Start Living. New York, NY: Basic Books.
Levine, B. D. (2022). Anxiety Disorders: A Guide to Treatment and Prevention. New York, NY: W. W. Norton & Company.
Mcdonagh, B. (2022). The DARE Response: How to Overcome Anxiety, Panic, and Worry in 7 Weeks. New York, NY: New Harbinger Publications.
Weekes, C. (2022). Anxiety Toolkit: A Practical Guide for Managing Anxiety and Panic Attacks. New York, NY: HarperOne.
Williams, M., Penman, D., & Kabat-Zinn, J. (2022). Mindful Way Through Anxiety. New York, NY: The Guilford Press.

LEONARDO TAVARES

Angst-AG

www.ingramcontent.com/pod-product-compliance
Lightning Source LLC
LaVergne TN
LVHW041802060526
838201LV00046B/1097